# 做一个精神丰盈的

# 幸福教师

金铁强　金　钧◉著

新华出版社

**图书在版编目（CIP）**

做一个精神丰盈的幸福教师 / 金铁强，金钧著 . --
北京：新华出版社，2022.7
ISBN 978-7-5166-6261-8

Ⅰ . ①做… Ⅱ . ①金… ②金… Ⅲ . ①教学经验
Ⅳ . ① G424.1

中国版本图书馆 CIP 数据核字 (2022) 第 066899 号

做一个精神丰盈的幸福教师

作　　者：金铁强　金　钧

| | | | |
|---|---|---|---|
| 责任编辑：陈君君 | | 封面设计：汇文书联 | |

出版发行：新华出版社
地　　址：北京石景山区京原路 8 号　　邮　　编：100040
网　　址：http://www.xinhuapub.com
经　　销：新华书店、新华出版社天猫旗舰店、京东旗舰店及各大网店
购书热线：010-63077122　　中国新闻书店购书热线：010-63072012

照　　排：汇文书联
印　　刷：三河市嵩川印刷有限公司
成品尺寸：170mm×240mm
印　　张：11.25　　　　　　　　字　　数：135 千字
版　　次：2022 年 7 月第 1 版　　印　　次：2022 年 7 月第 1 次印刷
书　　号：ISBN 978-7-5166-6261-8
定　　价：36.00 元

# 教者的情怀

　　初识金铁强，是在我负责的浙派名校长培养班上。他，一个诸暨人，为人豪气，为学严谨。言谈举止不仅风趣幽默，还颇有江南才子的雅韵。前段时间他跟我商量，想和同事金均，也是浙江师范大学毕业的优秀学生，把平时的教育教学随笔结集成书，请我写个序言，我欣然应允。

　　读完这部书稿，给我印象最深的，是其中所弥漫着的浓浓的泥土气息。班级管理、课堂艺术、教育管理、教师成长等诸多高中场境，都是原汁原味的。在两位作者的笔下，学校和课堂是平常的、平凡的，有师生之间亲密无间的坦诚交流，也有师生之间缺乏理解的矛盾冲突；有课堂的沉闷，也有课堂的欢笑；有教师的自信，也有教师的疑惑。这样，教育就回归了真实，这些文字就有着泥土本身沐浴阳光、接受风雨的气息，也有着生长于泥土之上的草木的气息。

　　进一步看，这种泥土气息跟两位作者一直在教育教学一线、一直持续地关注高中学生密切相关。高中教育、高中学生时刻牵动着两位作者的教育情怀，牵引着他们对"如何育人"这一本源性问题的深入思考。而他们的情怀和思考，也像泥土那样朴素。他们"基于学校自身实际"，作为思考问题的出发点，不被高深的理论所迷惑，不贩卖似是而非的教育概念，而是像农民一样，关注脚下的土地，关注土地上植物的生长。这种基于教育事实的原生态关注，让他们的有些发现迥然不同于流行的教育教学观念，甚至显得离经叛道，却能够引起人们更多的思考。

我接触的中小学教师中，对学生过错痛心疾首者居多。好像学生出了这样那样的问题，就天崩地塌了，教育就失败了。《尊重"不确定性"是立教之本》却说："面对学生善意的顽皮，偶尔的过错，教师不能动辄就给学生套上'屡教不改'的大帽子。没有谁的成长是直线，曲线才是常态。即使学生的成长是转折线，教师也应该坦然接受。学生就是学生，他的成长有时就是一个谜。这个谜的本身，就是一种不确定性。教育的魅力就源于此，有学生成长之谜，教育才显得丰富多彩。否则，教育就是一潭死水。"我认为，这种认识符合教育"让不同的学生得到不同的发展"的基本理念。不同的学生就如不同的植物，其根系有差异，吸收有区别，谁也不能要求学生以同一种速度、同一种姿态生长。教师对学生错误痛心疾首，甚至疾恶如仇的责任心固然让人钦佩，但对"教育"的简单化理解却让人不敢苟同。教师对学生过错痛心疾首，就会失去对学生的尊重。教师对自己的教育能力心灰意冷，就会失去职业的幸福。

只有对学生怀有容错、融错、荣错的教师，才能真正履行教育职责，才能真正获得职业幸福。《班主任工作中的自我界限意识》中，作者看到"许多时候，过于亲密的师生关系，反而造成了班主任工作的被动"，因而认为"师生之间的良好关系，当然是亦师亦友。学生对教师的敬畏之心，需要适合的距离。距离太远会拒绝交流，太近会失去威严。班主任似乎永远站在学生心灵的门口，却又没有踏入。这种若即若离的感觉，正是教育学生的最佳距离"。作者不仅仅是从"保护教师"，更是从"教育学生"的角度，合理框定教师工作的边界。学生成长过程中，教师可以包容，可以等待，但不能像某些家长那样无原则纵容。这是教师的职业规范和职业行为，是更好地履行教育教学职责的底线。

一个教师如果沉浸在教育的泥土气息中，抱有教者的育人情怀，必定是一个精神丰盈的、被学生喜爱的幸福教师。


浙江师范大学教师教育学院

2021 年 6 月 1 日

Contents
目 录

# 一

# 教育理念

# 教育的意义在于改变

约瑟夫·熊彼特在弥留之际，对探望他的好友说了这样一番话："我现在已经到了这样的年龄，知道仅仅凭借自己的书籍和理论而流芳百世是不够的，除非能改变人们的生活，否则就没有任何重大意义。"

他的话启示我们去思考一个基本的问题：教育的意义是什么？教师所做的努力，最终是为了达成什么样的目的呢？

学校教育的本质，就是一种提高人综合素养的实践活动。接受教育的学生，意识思维未必是正确的，教育的目的正是使其不偏离事物的内在，使其在今后的生活中体现人生价值，对人产生持久而深刻的变化。所以，教育的意义就是"改变"。就是约瑟夫·熊彼特所说的"改变"！教育如果只是给予知识，它只是拓宽了学生的视野和对世界客观事物的认知，但教育真正的意义，在于让学生产生合乎社会需要的变化。因此，教师的作用就是为了达成这种改变而传授学生在今后工作生活中必需的理性知识、感性认知和价值判断。

改变不是寄希望明天的蓝图，而是今天的实践。"理想"本身并不是一件坏事，但往往有时会架空"实践"。有时一旦惹上"理想"，教育就会变得空洞。对学校教育来说，教育发生的主要阵地就是课堂，而现实中许多课堂教学就是纯粹的知识传授，没有体现核心素养。新课标中有"学会学习、健康生活、人文底蕴、科学精神、责任担当、实践创新"六大核心素养，最终目的就是为了实践人的全面发展。"人文底蕴"和"科学精神"为了夯实文化基础，"学会学习"和"健康生活"为了自主发展，"责任担当"和"实践创新"为了社会参与。所以说，课堂教学是教育的主阵地。如果课堂教育沦陷为仅是知识的海洋，那么它将是一片荒芜的沼泽。

没有一蹴而就的改变，很多"改变"其实只是一种"感动"。学生真正意义上的改变是渐进的。而教师对于学生产生良性改变从来有一种迫切感，甚至希望是激进的，希望通过自己的三言两语，就促使学生能产生内在的改变。这是自恋的单方向的梦想。"改变一种习惯，比学习一种习惯往往要艰难得多。"三言两语可以产生感动，但很难产生感化，更难产生本质性的变化。课堂上渗透教育的六大核心素养，不是单调的学识教学。只有在教学中渗透教育，才能使学生产生渐进式的变化。

一棵有活力的树，有其坚挺的主干，有其错综的侧枝，有深入的根系，更有其茂盛的绿叶。一堂有活力且有内涵的课，不但要完成教学任务，更要有核心素养的渗透。如在数学课堂教学中要渗透数学学科的核心素养，如数学抽象、逻辑推理、数学建模、数学运算、直观抽象、数据分析等，不但要实现其学科价值，更要体现教育价值。数学学科教学是实现数学核心素养的主要途径，是为学生的未来做准备。一堂数学课如果仅是一些数字和公式，只有光秃秃的树干，没有繁茂的叶子，就必然是逊色的，失去了养成学生核心素养的环境，很难吸引学生。

对学生来说，老师上好每一堂课，渗透教育的核心素养，让学生得到人生启示，就是未来人生价值的全部意义。教师最大的期望，就是学生能因为自己课堂上的一个微笑、一句勉励，而受到了影响。哪怕这种影响是微小的。坚持微小的变化，就会产生量变。哪怕学生只是意识到不足，也是有价值的。要坚持"今天的努力对学生的明天是有价值的"教育信念。或许，学生的感慨有点迟到，因为变化总是迟一步到达，而变化的收获更是迟来。何况，教育本来的意义就不是为了得到学生的感谢，而是学生的变化。

对教育而言，"惩罚"是必需的，但它的改变往往是剧烈的，需要强刺激，而且这种改变会引起学生内心的抵触甚至反抗。戴本博说："任何改变已形成的行为习惯和思想意识的过程，都会给人带来不适甚至痛苦。一些心理学把它称之为'解构'。因此，以改变过错行为为目的的惩罚一旦出现，人会本能地采取对立的情绪和对抗的行动。"教育管理有时是低效的，原因就在这里。教育应该回归课堂，教学问题、教育问题都应该在课堂上发生并得到升华。课堂教学中的教育是润物细无声的，就如春风拂过，"当春乃发生"，虽然是缓慢的，却是真实的。真正的教育应该不是剧变产生的，而是平和的。现实教育中，没有那么多剧热的因素，却时时发生着平和的故事。课堂教学就是一个个小故事，但它不是串联，而是有机的整体。因为课堂教学有一根主线贯穿，那就是核心素养，它旨在改变学生。

# 尊重"不确定性"是立教之本

教育是平淡的。用片面的眼光去审视教育，教育缺少曲线之美。可是放眼看教育，教育是美丽的。教育被人为地分段，每一段的教师不能发现学生的变化，绝大部分学生似乎是没有"变化"的，其实是教师缺少明辨变化的本领。任何平静中都蕴含着丰富的变化，学生就是如此。貌似真理的"三岁看到老"，从教育的角度说其实是不作为。

教师一方面讨厌枯燥的教育生活和单调的生活节奏，另一方面又不愿去渴望发现教育中的"不确定性"。这无疑让实现比较困难的教育抱负"雪上加霜"。"相信每个学生都有变得更好的可能！"就是珍惜学生的不确定性，这是每一位教师的立教之本。没有了它，教育变得生硬无趣，就是一场已知的交易，失去了存在的意义。任何职业魅力，都源于对未知的向往。只要想到一个学生在自己的教育之下，发生了潜移默化的变化。这种变化是悄悄的、真实的、升华的，这种令人向往的变化，就会感动每一个教师。

没有教师不心怀"不确定性"之恋，可是许多教师容易对"不确定性"踩急刹车。一个学生在变化的过程中有不良反照，与自己的期望产生若干偏离时，教师就会抱怨，一副受伤的样子，一边愤怒着"自己的辛勤付之东流"，一边指责孩子"孺子不可教"。教师投身教育时，总是忘记曲折才有曲线美，总是忘记没有一个学生是教师心中的完美形象，总是忘记给予孩子适当的宽容，总是忘记有意外才是真实的。很多情况下，面对学生善意的顽皮，偶尔的过错，教师不能动辄就给学生套上"屡教不改"的大帽子。没有谁的成长是直线，曲线才是常态。即使学生的成长是转折线，教师也应该坦然接受。学生就是学生，他的成长有时就是一个谜。这个谜的本身，就是一种不确定性。教育的魅力就源于此，有学生成长之谜，教育才显得丰富多彩。否则，教育就是一潭死水。

我在学生时代，遇到过两位对评价我截然不同的教师。一位是初三的化学教师。那时我相当顽劣，自认为是教师不屑一顾的烂货。可是在一次吵闹中，化学教师抓住了我，我感觉教师肯定要打我手板了。谁知她惋惜地对我说："你这孩子真不懂事。如果我有资格保送学生，我一定保送你进重点高中，省得浪费了你的头脑！"我听得云里雾里。但从教师的眼神中，看到她对我惋惜。那时我淘气得狠，每天唯恐天下不乱，后来我也争气，考上了重点高中。另一位教师是我高三的英语教师。我的英语成绩一直很稳定，全班最差，一百二十分总分中只能考四五十分。有一次上课时，我与英语教师发生了冲突，英语教师非常生气地宣言：如果你能考上大学，我就跟你姓！我虽然觉得很没面子，但想想教师的话也有道理。高考时英语考得很烂，也总算考上了大学。但英语和英语教师，让我始终有阴影。

回想自己的学生时代，我觉得任何一个学生都有很多可能性发生。教师应该具有等待这种可能性发生的期望与耐心。初三的化学教师看到了我未来的可能性，高三的英语教师看到了我现状的无奈。如今我任教了二十多年，我最大的财富就是我给予每一个学生更多良好的可能性期待。教师与其气愤指责学生，不好给予更多美好的期待。教师需要一种气量。这种气量，不仅是有时受气时的肚量，更多是一种睿智，一种对学生成长"不确定性"成长的耐心期待。

# 好心态成就好教育

有一次，听新教师的课，我看着那灿烂的笑容，有感而发，写了一篇《把微笑进行到底》的文章。事实就是如此，这位新教师的专业成长发展很快，是学生心目中的好老师。微笑意味着理解与真诚，微笑意味着亲近与友善，微笑意味着自信和信人。微笑拂去的是学生有意或无意的设防，微笑带来的是期待的光芒。它是课堂互动的桥梁，会把人拉近到纳米距离。

好心态，就会拥有产生于心中的微笑。微笑不仅是一种表情，更是一种沟通方式。瞬间的微笑看上去很容易，长时间的微笑就需要好心态。好心态是以好奇的姿态去探究教育问题，而不是把教育问题看成烦心事。微笑是一缕春风，一泓清泉，给予学生如坐春风的感觉。课堂上教师是一位特殊的演员，没有一个观众喜欢触及自己太多的感伤，但也没有观众会拒绝笑容可掬的脸庞。

课堂教学不是对发生问题的追究，它是对科学问题的探究。追究是严肃的，探究是严谨的。严肃需要一定的冷淡，严谨只需要冷静。微笑是一种开放且不失收敛的冷静。微笑不是一种夸张的动作，它只是传递一种友善的信号。

课堂上的微笑是一种从容不迫。没有精心经营，教师无法在课堂上洋溢那种真实的微笑。教师只有功底扎实，才能在课堂上泰然自若，才能使微笑成为课堂的花朵，芬芳馥郁。

好心态是微笑最好的护航。没有一个好的心态，不管教师的教学功底有多深厚，都会被突发事件情绪化，破坏和谐的教育生态。教育不是摇椅上的学问，教育本身就是一种生活。杜威说："选择了一种教育，就选择了一种生活。"生活中最为重要的物品就是微笑。微笑是交换通货。一个校园中失去微笑，就如市场上没有流通货币，市场就会一片狼藉。教育生态，需要一群好心态的教师时时洋溢微笑。

好心态是发自内心的幸福。微笑不是脸上的印刷品，它是心灵交融的产物。短暂的微笑可以勉强，常态的微笑却自然而真实。教师如果没有职业幸福感，就会出现职业倦怠，就不会有发自内心的微笑。幸福是一种感知，人缺乏感知幸福的能力，就会与幸福失之交臂。麦阙多鲁斯说："从我们内心得来的快乐，远超过自外界得来的快乐。"教育是一种特殊的职业，更需要教师的自我认同感。

好心态就要看淡名利。作为社会的一员，教师最大的痛苦莫过于被反复比较，自己去主动比较。教师工作辛苦，收入不算丰厚，过多的被动或主动的比较，就会不断消磨幸福感。塞涅卡说："拿自己的命运与别人的幸运相比，是一种折磨。最好的心态，也经受不起整天没完没了的比拼。若能避免这种苦行，我们将会满意自己所拥有的一切。"教师不能让毫无意义的"比较"，毁坏了自己的好心态。没有谁，能剥夺教师幸福的权力，也不能成为教师感受幸福的阻碍。很多人，往往在向外追求幸福的路途上人仰马翻。这不是追求幸福，是自讨苦吃。对大多数人来说，认为自己有多幸福，就有多幸福。幸福来自好心态，而不是外界的赐予。

陶行知先生说，您若变成小孩子，便有惊人的奇迹出现："师生立刻成为朋友，学校立刻成为乐园；您立刻觉得是和小孩子一般儿大，一块儿玩，一块儿做工，谁也不觉得您是先生，您便成了真正的先生。"成为真正的先生，才会有真正的教育。好心态，成就了好教育。

# 让自然教育滋养学生灵性

　　将学生带入大自然，不失为拓宽学生思维、寻找良知、领悟生命的好路径。因为学生在大自然中去观察、去探究、去思考、去讨论，就是运用知识，让知识成为体系和能力的过程，是感知生命的过程。

## 1. 立足大地，观察山水草木

　　对四季更替、自然变化的麻木，是很多学生存在的问题，有的学生甚至在作文中出现"冬天不见一片绿叶"的句子。如鲁迅所说，很多学生在学校里、在家里，"只看见院子里高墙上的四角的天空"。他们主动或被动地拘禁在缺少生机的房间里，不是沉迷于手机游戏，就是埋头于题海战术，因而对生活和生命的思考、规划，不是迷茫，就是断断续续。

　　以远足、校园游、自然日记、课间远观等方式，关注山水草木，让学生体验对鲜花舒展的欣喜，升起对落叶飘落的怜惜，感知对雪花飘飘的惊喜，领会大自然"春生，夏长，秋收，冬藏"的生命奥秘，领略四季更迭的不同生机，体会生活和生命的美好，像刘勰说的那样，"登山则情满于山，观海则意溢于海"。这种对自然的热爱，延伸到生活中，就会关注父母的辛劳，感恩家庭的付出，就会感激教师的教诲，关心同学的生活。

　　无论对谁而言，大自然就是一个人的出生地，成长地，是养育他的土地。不理解大自然，就不可能感恩大自然，不可能珍惜生命。这

9

也是陶渊明、谢灵运、李白、苏轼、吉辛、梭罗等杰出文人，笔下有那么多山水诗歌、山水散文的原因所在。

## 2. 立足本土，传承故乡文化

故乡是每个人的第二个大自然，是一个人精神成长的土地。如果深入地考察故乡，关注故乡，就会发现：无论是逐水而居，还是依山而建，一个族群或几个族群构成的故乡，都表现出依托山水、气候、环境的惊人能力，各得其所，各美其美，隐隐约约向后人传达着各种生存智慧。而家谱，家风，家训，则是生存智慧的集中体现。一个家庭，在文化、经济、能力上有巨大的生存差异，但依靠家谱、家风、家训，很多家庭都寻找到了自己的生存土壤，以或经商，或耕作，或诗文等生存方式，邻里之间和谐相处，美美与共。

通过家谱，了解自己的生命渊源；通过家风，理解家族和家庭的价值标准；通过家训，认识自己的家族使命……都有助于吸取家族家庭的文化营养，助力学生的精神成长；有助于紧密家庭、家庭之间的纽带关系，防止学生成为没有亲人和亲情的畸形人。

通过"我的故乡系列征文"，引领学生从风俗、历史、文化等多个角度，建立起学生与故乡的情感联系，能够让学生产生乡情乡愁，让精神有个停泊的地方；通过给爷爷奶奶、爸爸妈妈写小传，了解这些长辈的人生经历和生活苦难、家庭责任，能与长辈们建立起深切的亲情，能唤醒学生的感恩之情。而无论与故乡的情感联系，还是对长辈的感恩之情，都会丰富学生的精神世界，逐步让学生走向善良和勤快，担负起自己的责任。

### 3. 校内外联动，让自然教育焕发生机

无论多大的学校，不可能容纳大自然的万千世界，山川日月。因此，自然教育中，通过"校内课程"，"校外课程"，"实践基地"的方式，拓宽各种教育渠道，是十分重要的。学校里可以开设劳动实践基地，培养学生的劳动技能，在完成劳动任务的过程中认识自己、肯定自己；可以开设花卉基地，让学生学一些种植、养护花卉的生活技能，培养学生的生活情趣，提高学生感知植物变化的敏感程度；联系校外的森林公园、湿地公园，进行一次远足活动，能够在自然状态下学会与同学合作、互助，认知自己的优势，培育学生的自信心。因为，比之课堂教育，自然教育是动态的，学生更加喜欢；比之社会，自然的变化更加明显和直观，学生更容易体验。

校内外联动，或者说，走出学校，走进自然，是自然教育的深化。孔子看着奔腾的长江水，感叹"逝者如斯夫，不舍昼夜"，他从江水的奔腾看到生命的流逝。柳宗元登临西山，领悟"然后知是山之特立，不与培塿为类"，他从西山的特立，看到人格的伟岸。人总是在不断走进自然的过程中，不断融入自然，不断发现和领悟自然，从而理解生命。学生会懂得：植物会根据自己对土壤和阳光的需要，选择自己的生长之地，人也要根据自己的特点，去选择适合自己的工作，做自己喜欢的事情，而无须跟随别人，更不能怨天尤人。人应该像大自然一样坦荡从容，有最真实最自然的生命状态：若是一株草，就不羡慕树木的高大；若是一棵树，就不羡慕花朵的明艳；若是一朵花，就不羡慕松柏的长青。不管闹市或僻地，不管春夏或秋冬，不管绽放或凋落，大自然中的植物独自静静地摇曳。无论红黄，无论紫粉，无论蓝青，都坚守属于自己的一隅，以舒展或飘零点亮了灰色的天空和大地。

所以，走进自然，接受自然教育，其实就是在寻找自己的灵魂，在寻找生命的真谛。退一步说，也是在丰富自己的精神生活。爱因斯坦在给他的友人贝索的信中，就指出：一个人的生活质量，不是看他八小时的工作中，而是看他八小时外的生活中。只有蝇营狗苟的生活，而没有脚踏实地的工作，或者只有天昏地暗的工作，而没有浅唱低吟的生活，生命肯定是干涸的，没有情怀的。

因此，不断走进自然，开展自然教育，本质是释放学生的潜在能量，培养学生的自立、自强、自信、自理，让学生有智慧不断成长、身心健康发展的生命形态，赋予学生更有成长的力量。因为，对自然，对家乡，对科学精神的认识与习得，能赋予学生走得更远的力量，支持学生更有力量的成长。

# 唯有不懈的努力，才可以开创美好的未来

我们要向学生传达这样一个理念：努力的人最美。古今中外，都是如此。夸父追日是一种努力，精卫填海也是一种努力。他们的努力，给我们提供了美好的文化传说。达·芬奇画鸡蛋是一种努力，爱因斯坦做小板凳也是一种努力。他们的努力，给我们造就了灿烂的精神穹顶。同样的，在我们学校，老师们起早摸黑辛勤工作是一种努力，同学们埋头专心学习也是一种努力。我们的努力，给学校发展、给个人发展、给自己，拼出一个美好未来。

英国首相丘吉尔说："如果今天不比昨天多做一点什么，那么明天还有什么意义。"所以，努力就是比昨天多做一点点，比昨天多付出一点点，比昨天多改变一点点。记住一个一个的单词，大声背诵一篇一篇的文章，认真琢磨、演算一道一道的题目，操场上的一次次奔跑，这些都是努力的表现，都是很美好的行为。

我们要拥有这样一个信念：努力的人才拥有更多的机会。这个世界充满不确定性，我们每个人都不知道未来会是怎样。在不确定的世界面前，我们只有两种选择，一是靠运气，二是靠努力。但我们要记住一句话：运气是靠努力拼出来的。不要以为别人成功都靠运气。有些人根本不知道，人家在运气的背后，默默地流了多少汗水，花费了多少心思。苹果是牛顿的运气，他从树上掉落的苹果里，领悟到万有引力，殊不知在此之前，他花费大力气在研究自然定律。年仅 23 岁的他首先发现了数学中的二项式定理，然后建立微分学，第二年他又建立积分学。他用三棱镜研究光学，发现了白光的组成，还考虑过引

力问题。这一切无不说明：人的运气是靠知识积累起来的，知识的积累是靠努力研究得来的。

当然，我们不是牛顿，我们是我们自己。努力，不是做给别人看的，而是要从内心出发的；不是装模作样的，而是诚心诚意。不断努力的人，是上进者；不愿努力的人，是懒散者。在人生旅途中必须要努力，如此才不会让自己的人生有所遗憾。同学们今天是学校的学子，明天是家庭的顶梁柱、国家的中流砥柱。获得诺贝尔文学奖的大作家海明威说过："优于别人，并不高贵；真正的高贵，应该是优于过去的自己。"真正的努力，目的就是比过去的自己更优秀，就是不断超越自己。切莫忘记，我们感觉吃力时，证明我们是在走上坡路，我们越来越接近山顶；我们感觉轻松时，我们是在走下坡路，我们越来越接近被淘汰的地步。

我们要倡导这样一种精神：那就是不懈努力。很多时候我们总是低估了自己，对自己不够狠，从而错过了遇到一个更加优秀的自己。逼自己一把，很多事并不需要多高的智商，仅仅需要自己的一份坚持，一个认真的态度，一颗努力迎难而上的决心。如果我们拥有一份坚持，一个认真的态度，一颗努力迎难而上的决心，就是越来越努力，就会越来越近美好的未来！

# 也谈教师听课

法国 18 世纪启蒙思想家、哲学家、教育家、文学家卢梭说："伟大的人绝不会滥用他们的优点。他们看出超过别人的地方，并意识到这一点，然而绝不会因此而不谦虚。他们的过人之处愈多，他们愈认识到他们的不足。"听课是教学常规，有汇报课、公开课、优质课等。听课的目的到底是什么？是为了让听课的老师有机会似专家们般"指点江山，激扬文字"吗？绝不是！对于绝大多数老师来说，听课是为了成长、反思，以听课为鉴，可以促进自己的专业成长。

听课，是教师专业成长中相对快捷的路径。带怎么样的目的去听课，以什么样的身份去听课，这直接影响到对上课老师的评价。以学习的态度去听课，更多收获的是上课老师的优点，因为一直在与"优点"产生共鸣，甚至无意中遗漏了存在的问题。以优越的身份去听课，往往会聚焦存在的问题。随和的听课人会既扬优点，又指出缺点。严肃的听课人，可能会毫无情面地指出问题。没有人有权全盘否定上课老师的课堂。因为全盘否定，不仅是自我领域扩张的习惯性盲目，也是对上课老师的极端不尊重。事实是一个因素，人性也是一个因素。即使是事实，也要考虑人性的弱点。

对大多数老师来说，听课是向他人学"功夫"的方式，既然是学"武功"，抱着谦虚的心态是必要的。不同的人，应该以不同的方式去学习"武功"。

对刚入职的教师来说，听课就如"吸星大法"，以空洞的方式吸入内力，内力可能弥散到全身经脉上。关键在于一个"吸"字，学习不同教师的教学方法，对知识的突破，还有教学的艺术。当然，这可能会有负面影响。因为，一旦没有融合，各种教学方法会相互冲突，不同的"内力"有相互不合之险。但这依然不失为新教师快速成长的捷径。因为，对新教师来说，不怕"乱"，就怕"无"，有许多内容想讲，又讲不透，这种不知道"如何教"总比不知道"教什么"要好许多。当然，随着经验的丰富、内力的强大，新教师就能够消化不同"武功"的。

对有一定经验的老师来说，听课就如"北冥神功"，以负极吸入正极的方法吸入内力，将真气存于丹田气海中。"负极吸入正极"，这是一种渴望式的学习，回避短板，能够发现人家之长处，尽可能吸收长处，真正集百家之长。它的缺点是若教师自身"内力"不足，容易"走火入魔"。因为百家之长，并非个人之长；他人之长，也并非适合个人之长。

对丰富经验且习惯反思的教师来说，听课就是"移花接木"，借力打力。这种嫁衣神功的最高境界，以放空自我的方式学习"武功"。这种放空并不是自废武功，而是在听课的时候，放空自己，以没有本我去学习，去洞察上课教师课堂中隐含的更深层次的教学目标，不会过度审视知识点的讲解，而是课堂设计、目标渗透，也就是"为什么教"的问题。只有放弃本存于自我的偏见，才能真正去学习，才能做到"以听课为鉴，可以正衣冠"。放空自己，才能更加客观地评价。

不管是"吸星大法"式的听课，还是"北冥神功"式的，"移花接木"式的，都因人而异，但都不失为适合个人成长的方式。自创武功，独成一派，自然是好事，但这样的教师实在太少。如果没有交流，缺少百花齐放，即使有独到见解，也缺少深层次的挖掘。精华从来不会浮于表面，它需要千锤百炼才能获得。个人的力量是有局限的，这才需要成长的平台。听听不同教师的课堂，就是获得不断自我学习和自我解剖的平台。在看上去风平浪静的平台上，其实有着不同理念的冲撞。这种冲撞不是矛盾，而是一个个精彩生成的地方。

听课缺不了评价，评价是对事物的真实反映，但评价往往离不开个人的烙印。每个人都是站在自我立场上去分析问题，很难摆脱个人喜厌。但不管怎么样，评价应该是善良的。如果过度批评老师，就会听课人虐人，上课人自惭，所有人都尴尬。教学是严谨的，却不能没有善良。并不是真实的指出问题都是值得肯定，这并不一定能激发上课老师的反思。因为有些课堂问题的产生，不是上课老师的问题，不是学校的问题，而是社会几十年累积的问题，仅仅依靠上课老师和学校，是无法解决的。

一课堂总有优劣，评课要肯定优点，适当指出不足和改进方法。全盘否定，就是对上课老师的不尊重。即使没有突出核心素养，那也还有精彩生成。即使都没有，那也还有知识夯实。即使三者都不能称心，那还有上课老师倾力付出。评价在一定程度上需要彼唱此和，这不是和事佬，而是尊重。"听课和评课的目的，是为了研究和发展教师的经验。"要多些研究的姿态，少一些专家的威风，听课是为了学习别人和反思自己，而不仅是挑人短板。

周彬《课堂密码》也说："竭力去发现上课人的优点，谦虚地询问其课堂优点产生的原因，并向他学习，这是课堂观察中上课人与听课人最为良性的互动模式。"上课人与听课人如果没有建立在平等的基础之上，听课与上课的目的都难以达到。只有平等基础之上，听课人才会真正通过对上课人真实课堂的观察，发现自己的缺点，或者共同的缺点。如上课人的语速过快时，作为听课老师也可能陷于迷惑，就可以断定学生所处的学习状态，又可迁移到自己平时上课的语速，从而加以校正。又如观察不同教师的表情给自身带来的感受，就可以推断出学生对教师表情的要求。

一个人如果没有反思，就永远不会成长。听课也是为反思，反思自己的日常课堂，从而提高教学水平。成为能够以专业能力吸引学生的教师，就是最幸福的教师。

# 以学生为德育资源，让德育走向生活

## 1. 学生群体的意义

### （1）师生交往的缺点

本来，学校之中的群体组织具有两种基本类型：师生群体和学生群体。学校之中，对学生品德的学科渗透、文化熏陶、环境影响、日常管理，教师是重要的资源。但是，教师展开的德育工作，也有一些局限性：教师与学生的交流中，学科与考试常常是核心话题，而"学科成绩"恰好是很多学生的心病，因此很多初高中学生回避老师比较多，渴望与老师交流的较少。教师与学生的交流，受制于"学习"这一时间与"教室"或"办公室"这一空间，难以渗透到生活之中；初高中学生处于心理反叛期，批判性思辨性萌发而远未成熟，相当一部分学生对教师的教育产生下意识或者有意识的抵触情绪。以上种种，导致了"师生交往"这种德育方式的效果不尽人意。

### （2）学生群体让道德内化成为可能

对于学校德育工作的内容，历来见仁见智。但是对于德育目标，基本一致，那就是"为个体的社会化提供明确的指导，通过相应的实践过程，提高个体的社会化水平"。有专家把德育的发展分为"自然人——社会人——文化人"三个层次。简言之，"自然人"更多呈现的是类似动物的基本生存需求，"社会人"需要承担更多的社会责任，"文化人"具备文化自觉。这两种理论，给我们的启示在于：第一，"道德"是一个长期内化的过程，没有内化，个体就无法实现其"社会化"，成为"社会人"。第二，德育的内化过程，更多的是基于群体的，脱离了群体，德育的内化就很难实现。从这个意义上来说，初高中学校中，作为重要德育资源的"学生"应该是一个群体，而不是分散的独立的学生个体。

### （3）学生之间更容易互相影响

由学生与学生组成的群体，最大的特征在于交往内容的广泛性、交往时间的长期性、交往角色的平等性、交往过程的真实性。青春萌动、家庭生活、学习苦恼、未来向往、娱乐体育……学生平时不容易向教师透露的内容，都在学生群体的交流范围之内，而且占据了重要的地位。这恰是师生交往中最缺失的。群体交往的动机十分复杂，不能用单一的因素解释。社会学家戈夫曼提出了"自我呈现论"，他认为交往时一种社会互动的过程，参加者借助于自己的言行向他人呈现自我，这种呈现往往是强调自身众多属性中某些有利于自我形象的属性，而隐瞒其他属性。这种理论强调通过自我呈现，对他人施加影响，控制他人的行为。美国社会学家霍曼斯提出"社会交换论"，强调社会互动过程中的社会行为是一种商品交往，这里不仅仅是物质商品，而且是诸如赞美、荣誉、声望等非物质商品的交换。菲斯汀格提出了"社会实在论"，认为人们对自己的态度和意见正确与否的判断无法确定标准时，往往将周围其他人的态度、意见或行为作为暂时性判断标准，以使自己的认识与周围人保持一致。这些理论中，都注意到了人际交往中情感的信息价值。人际交往其实就是各种信息的传播与交流。

社会心理学认为，人际交往中信息沟通的模式，一般是：①信源——信息发布者；②信息——信息的具体内容；③信道——信息传递的载体或媒介；④信息接收者——接受信息，理解符号、作出反应的个体。俄罗斯心理学家波尔什坦夫认为，除了信息传递过程中的干扰之外，信息接收者的过滤，是影响人际交往的重要因素。他认为信息在传递过程中是通过独特的"信任"和"不信任"的过滤器进行的。初高中学生的思维发展水平和平等交往特点，决定了他们"信任什么""不信任什么"，基点更在于情感认知，而不是思辨。因此，初高中学生群体的交往之中，"好学生"的榜样作用与"坏学生"的破坏作用，几乎是相同的，关键在于信息过滤的方法和形式。如果仅仅重视发挥"好学生"的榜样作用，忽视消解"坏学生"的破坏作用；如果仅仅在课堂上视学生为德育资源，而没有把这个资源扩展到课堂之外，显然没有更好地挖掘和利用"学生"这一德育资源。

### 2. "以学生为德育资源"的三个着力点

就学生而言，学校德育的主要内容是政治、思想、道德教育，道德规范教育、法制教育、安全教育、青春期教育、心理健康教育，这是多数人的共识。而德育工作的最终产品，就是"品质"，品质是主体的主要特征的稳定表现，主要指行为表现，而非意识。因此，品质，是人的意识的外化。在围绕学生展开的德育工作中，要使"学生"这一德育资源发挥最大的效应，必须根据学生实际，找准三个着力点，那就是德育工作需要"生活化""活动化""伙伴化"。

#### (1) 德育工作生活化——在生活中养成好习惯，教师共识

为了促使每一个学生养成良好的生活习惯和学习习惯，管理学生的组织机构需要不断调整完善。譬如由"学生管理小组"发展到"生

活指导老师"制，再发展到确立"值周领导、值周教师入住学生宿舍楼"制度，从有限的"党员教师与学困生结对"发展到全校性的"教师与学困生结对"，不断加强对学生学习、生活的指导，培养学生独立生活的能力和自觉学习的习惯。这样，"全时管理""全事管理""全员管理"的形态就形成和完善了。为了让学生在生活中认同和执行纪律，学校可以成立"平安志愿者服务队""环保志愿者服务队""社区志愿者服务队"等学生组织，设立"楼层值日""寝室值日""餐厅值日"等岗位，放手让学生去管理学生，在管理中认识到行为规范对个人、集体的重要性，在管理中学会用规章制度约束自己的行为。当楼道行走、寝室卫生、就寝纪律、就餐秩序、课外活动……生活中一切细小的事情，都渗透了学校规章制度对每一位学生的要求时，学校德育工作才不是枯燥的说教和冷冰冰的面孔，内容才能贴近学生实际，形式才会生动活泼，过程才会处于动态之中。正是这种在生活中养成习惯的做法，促使学生在一言一行体现出良好的教养，在日常行为中体现出的责任意识，较好地完成了由"自然人"到"社会人"的角色转变。

(2) 德育工作活动化——在活动中共同提高，工作常态

初高中学校面临巨大的升学压力，长期的学习会让学生忽视人际交流，学校效率下降，学习效率下降，又会让部分学生情绪焦虑，行为习惯变形。活动的意义，在于帮助学生恢复行为习惯，更在于在动态的德育情景中养成和巩固良好的行为。这与学习本身不是冲突，而是互为补充。譬如三十分钟的读写课，可以设立"阅读与体验""音乐欣赏""书法训练""诗词欣赏"等校本课程。这些校本课程，与学科考试没有直接的关联，会营造一种轻松愉悦的气氛，学生可以交

流，在音乐、书法、诗词中陶冶情操。具备人文素养、身心健康、懂得审美，才是现代中学生。

　　活动要注意常规活动与非常规活动的结合，保证活动的多样性、丰富性与常态化。很多学校设有"体育文化节""文化艺术节""寝室文化节""读书节"等常规活动，也有根据季节设立的班际篮球比赛、拔河比赛等。问题在于，教师组织多，学生协作少，降低了学生在活动中习惯养成的效果，无法发挥活动的隐性效应。学校在确保安全的前提下，应该提供场地，让学生常常会聚集在一起，商量探讨更好的形式，更好的方法，自己解决人员问题、器具问题、组织问题。这样，老师、班级、同学，被活动有机融合在一起，协作、沟通、动手、思考的习惯在活动中得以养成，实践能力得以提高，艺术审美能力、文学审美能力、身体素质、心理素质等得以发展。

　　(3) 德育工作伙伴化——学生结伴成长，核心所在

　　学生之间，由于生活、学习在一起，行为习惯上的互相影响要大于师生之间的交流。因此，德育工作中，需要通过"学生结伴成长"的形式，促成学生之间"善于交流""艺术素养""独立生活""自觉学习""自审能力"等因素的互补，现实共同成长。班主任、任课教师可以通过调查、谈心等形式，了解学生自发形成的伙伴群体，有目的地搭配与更动床位、座位，让相邻同学能够自然结伴；或就生活中节约钱物、独立生活、学会尊重等环节，开展专项结伴活动；或举行班会、走访、交谈等，让学生敞开心扉……伙伴们在学习和生活过程中相互影响，互相帮助，共同提高，养成各种习惯，提升各种能力。对学生伙伴的跟踪中，我们发现无论是具有核心人物的树干式伙伴群体，还是没有核心人物的链式伙伴群体，超过75%的学生都希望得

到伙伴的帮助，也在意伙伴对自己的评价。因此，伙伴之间的种种交流，能建立起信任的感情，逐步消解了文化因素差异、社会因素差异、心理因素差异；伙伴之间的评议，让学生能理性看待自身存在的问题，并不断调整和改进。

菲斯汀格的"认知不协调"理论认为，人际交往中最主要的障碍，在于习惯、爱好、理想等个性方面的差异。伙伴成长中，需要引导伙伴建立共同的愿景。围绕"结伴成长"这一主旨，要多举行介绍学习经验、介绍理财方法、未来人生设计、寝室民主生活会等各种形式的活动，培养学生的思辨能力批判能力，促成伙伴之间对良好习惯的充分信任与吸取，对不良习惯的警惕与摒弃，最大限度地扩展正面影响，最大限度地消除负面影响，共同成长就成为现实。还要建立"同学日常行为记录""伙伴学习过程记录""结伴成长记录"等档案，让学生矫正自己点点滴滴的不足，看到自己点点滴滴的成长。在同学和伙伴真诚的帮助与赞美之中，不断实现学习习惯、学习能力、生活能力、生活能力的提高，从而为学生的发展打下坚实的基础。

"生活化""活动化""伙伴化"的德育方法，培养了学生良好的行为习惯，提高了学生的文化自觉，提升了学生的精神境界，实现了人格的良性发展。

# 家校合作需要明确界限

近年来，由于家长对教育越来越重视，"家校合作"的理念也更加深入人心。"家校合作"是指学校与家长共同承担孩子成长的责任，包括家长当好家长、相互交流、志愿服务、在家学习等，已经成为现代学校制度的有机组成部分。

苏霍姆林斯基说："没有家庭教育的学校教育和没有学校教育的家庭教育，都不能承担培养人这个艰巨而复杂的教育工程。"孩子的健康成长和全面发展，需要家校双方形成教育合力，需要有效整合双方各自的教育优势、资源和力量，从而共同完成育人的职责和使命。毋庸置疑，家校合作是最有效的教育方式。如何有效融合家校的教育资源，如何充分发挥家校双方各自的教育功能和力量，如何有效互动形成良性的家校合作机制，成为我们应该探讨的重要课题。

家校合作中，合作很重要，但界限更加重要。如果没有明确界限，教师和家长就会纠缠不清，带来一系列问题，很可能适得其反。这不是健康的家校合作，既无序，也无效。心理学家武志红指出："'界限意识'这个词，其实表达力不够，更有力的表达，是地盘意识。你必须确立一块属于你的地盘、你的空间，并能守住这个地盘，你能守住自己的地盘，同时也尊重别人的地盘，这两者结合在一起，才是健康人际关系的基础。"

家校合作的必要性和迫切性，已得到大家的广泛关注和普遍认同。但同时，我们也看到当前家校合作的现状和成效并不乐观，具体表现在以下几个方面：一是在家校合作过程中，合作双方责任界限不清、权责不明，合作表面化、形式化；二是家校双方沟通不积极，家校共育缺乏有效协调机制，甚至出现错位、越界、干涉、退让、相互推诿等无序混乱现象；三是家庭教育功能弱化甚至丧失，家庭教育依附或迎合学校教育，有家庭教育"学校教育化、扩大化"现象；四是学校教育让步于家庭教育，学校教育呈现"家庭教育化"。这些问题的出现，与家校合作的界限意识模糊有着密切的关系。因此，明确家校合作的界限，显得尤为迫切。

有鉴于此，在家校合作中，学校与家长具有不同的教育功能，企业的功底应该由董事长来打下，孩子的教育也是如此。良好的家庭教育是孩子的未来，学校教育则是对家庭教育的补充和必要的知识武装及社会价值思想教育。家庭教育是孩子的启蒙教育，家长是孩子的第一位老师且是终身的，孩子也是家长终身的学生。启蒙教育的成功与否，直接影响孩子今后在学校教育的表现和价值观。得到良好启蒙教育的孩子，能够在学校教育中更加茁壮成长。学校教育是家庭教育的延伸。如果没有得到良好的家庭教育，就需要学校教育的矫正。而正是这矫正过程，可能会产生家长与学校的冲突，不同的教育理念和认识往往是造成家校冲突的原因。这需要教师和学校要有界限意识，这不是一种自我保护式的放任，而是一种沟通艺术。

孩子的教育，家长不能缺席。孩子的过错，教师也不能随心所欲指责家长存在教育问题。其实，学校和家长面对的问题是一致的，只有解决问题的方法和观念不同。界限意识就是要告诫学校和家长，特别是学校和老师，各尽其责。

孩子的问题，是家长共同的问题，但是都不能越位。学校要管的是校内的事务，家长要管是家里的事务。但要注意，教育是发生在孩子的任何一个阶段，学校和家庭既不能越位，也不能缺失。家长把孩子扔给学校就做撒手掌柜，这不仅是没有界限意识，更是没有责任意识。同时，学校也要特别注意，学校教育不仅是学识教育，更是价值取向和社会责任教育。学校和家庭，不是两个空间的教育，而是同一空间下相互补充的教育主体，是深度合作、共生互补的教育生态。缺失任何一方面的教育，都会对孩子的成长造成不可挽回的损失，甚至是无法弥补的。

　　总之，家校合作的界限意识，是家校合作主体双方之间平等、开放、协作、互补、共赢的关系，是一种积极的家校对话意识、一种理性的家校合作态度、一种智慧的家校共育做法。它能够使学校更像学校，家庭更像家庭，以一种更为恰当的科学方式，使真正长期有序、有力、有效的家校沟通、家校合作、家校共育成为可能，并最终取得良好的教育效果。

# 用体育活动增强我们的抗逆力

体育活动能提高大家的运动能力和身体素质，能放松大家身心，释放学习压力，也能锻炼意志品质、培养协作精神。

体育活动更能增强我们的抗逆力。

所谓抗逆力，简单说，就是抗拒逆境的能力，就是身处逆境时人的处理和应对能力。在本届校运会中，我们看到了同学们在运动场上的抗逆力——顽强拼搏，跌倒了爬起来，继续往前冲；胜而不骄，尊重对手；败而不馁，这一场失利了就精心准备下一次比赛……我们要将这种抗逆力用在以后的学习和生活中。

有些同学学习和考试不理想，就非常沮丧；有些同学人际交往不协调，就导致自我评价过低，自信心下降，其实这是很不值得的。我们学生，都应该成为有高抗逆力的人。英国剑桥大学心理学系研究认为，事业成功者身上往往具有四个核心能力，其中之一就有抗逆力。抗逆力是可以培养的。我们在学习和生活上，可以用自觉、自律、自主、自强四个原则，来增强抗逆力。

自觉，就是不需别人督促，努力做好自己应该做的事，就是别人在玩耍、消磨时间时，你已经在自觉地学习各种知识。

自主，就是独立，自己的事情自己做。自主学习，自主生活，自主管理，拥有自己的想法和意见，规划自己的时间，每一件事都不用依靠别人。

自律，就是自我约束，学会控制自己的想法和做法。在很多时候，我们要学会调控好自己的情绪，不能把坏情绪带到日常学习和生活中，不能让情绪控制自己，而是要用积极乐观的情绪去控制它。

自强，就是对未来充满希望，永远向上，奋发进取，在困难面前不低头，不丧气；自尊自爱，不卑不亢；勇于开拓，积极进取；志存高远，执着追求，等等。

有一部和抗逆力有关的电影，叫《小鞋子》，说的是9岁的阿里不小心把妹妹的一双鞋弄丢了。但他们家很穷，买不起鞋子。在逆境面前，阿里该怎么办呢？他想到依靠自己的努力，赔妹妹一双鞋子。最后，阿里通过长跑比赛赢回了一双新鞋子。阿里是一个9岁的孩子，但传达了一种高抗逆力的精神。

大家可能听到过一句话，叫"人生不如意，十之八九"。这样感叹人生的，是西晋政治家羊祜。世界上总是处于逆境的人多，处于顺境的人少；最后失利的人多，成功的人少。但同时，人在逆境中，才能真正认识自己，真正爆发自己的潜力，真正通过努力一次一次超越自己。超越自己，不一定是最后成功的结果，而是不服输的精气神。

在一个多元、变化、不确定因素增多的社会，每个人都会遇到这样那样的逆境。如果在学校里能够坚持体育活动，不断增强抗逆力，那么，在今后的学习和生活中，一定能够不怕困难，直面问题，热爱生活，最终成为有能力适应全球变化，有能力适应未来世界，素质高、本领强的青年，并不断服务社会，报效国家！

# 有效学习的基础是有效德育和有效体育

从概念看，"有效学习"中，"有效"包括在单位时间内完成任务、达成目标、培养某种能力等内容。其效果都与学习者的智力、体力、情绪有非常密切的关系。注意力、执行力、思考力、意志力，对智力开发、思维激活有重大的意义。因此，有效学习的基础是有效德育和有效体育。离开"有效德育"和"有效体育"，孤立地看待"有效学习"，把"有效学习"局限于课堂之中，是不科学的。

首先，"有效学习"是依托于执行力、注意力的有目的的活动。学习是聚沙成塔、集腋成裘的漫长耕耘过程，是从"见山是山"到"见山不是山"又到"见山还是山"的思维顿悟过程。无论是耕耘还是顿悟，都会遇到很多暂时无法解决的坎坷困难，遇到暂时得不到收获的失利失败。没有明确的学习目的和坚强的精神意志，就容易怀疑自己，中途而废，畏难不前。唯有意志坚强、目的明确的人，才会愈挫愈勇，才会吸取教训、总结经验，更加有效地学习。而培养学习意志，认识学习意义，就离不开人生观、世界观、荣辱观的教育。"学习校史校友""访谈名家"，观看《大国重器》……这些有学生参与的各种德育实践活动，能够充分认识"学习"对传播文明、传承文化、提高精神境界、培育科学精神等各方面的深刻意义。《中学生守则》的学习和宣传，能够培养学生以学习为荣、不学习为耻的荣辱观。而无论哪一种德育实践，都是对学生意志品质的锻炼和提高。仅仅把学习的意义局限于"升学""工作"，就无法对学生产生强烈的吸引力。仅仅把学习的意义局限于"竞争"，也无法对学生产生强大的说服力。当我们通过各种德育实践活动，以各种鲜活的事例，引导学生理解到学习的意义首先在于不断超越自己、能不依靠别人而独立生活时，学习的意义就上升到精神层面和道德层面。

其次，"有效学习"依托于良好的行为习惯。注意力、执行力、思考力、意志力，既是意志品质，又是行为习惯。长时间听讲、刷题、思考，对人的行为习惯提出了很高的要求。而学生无时无刻不面临网络、游戏、歌星、影星、休闲等时尚事物的诱惑，又被冲动、沮丧、焦虑等各种情绪所左右。貌似专注其实神游天外，放下作业去追剧追星，课桌抽屉里偷偷打游戏，宿舍里深夜聊天，稍难的题目不愿做，熟悉的题目不想做，睡眠时间畅谈明星……其结果，是体系知识没有形成，探究能力没有提高，思维水平没有提升。很多不良习惯，制约了学习的有效性。良好的办学条件和学习条件，因为学生的行为习惯有问题，不能创造出应该有的学习效果。而"目标缺失""心气浮躁""畏惧困难"，是学生不良行为习惯形成和得不到纠正的根源。开展以"劳动教育"为主题的德育活动，体育课，军训，或者发动学生去调查自己家长、周边店员的工作强度，逐步认识到生活必须付出汗水，有利于培养学生吃苦耐劳、专注学习的行为习惯，提高学习的有效性。

另有一种学生，只知道学习，不知道运动和休息，睡眠时间太少，学习效果没有显著提高。这其实也是不良行为习惯，没有做到劳逸结合。英国剑桥大学脑科学家皮尔森等借助现代仪器，多年研究人的大脑活动。他发现人处于睡眠状态时，大脑接受的各种信息在右半球和左半球之间不停移动，其移动次数决定了人掌握和运用信息的质量，而睡眠八小时，信息移动达到被掌握和运用的最佳状态。即确保八小时睡眠时，学习效果是最佳的；每减少一个小时睡眠，学习质量就下降 15%。可见，良好的生活习惯，有利于提高学习的有效性。

再次，"有效学习"以健康身心为支撑。无论上课还是作业或是考试，有效的学习过程，离不开持续的注意力、良好的执行力、积极的思考力、坚强的意志力。这是确保有效学习的前提。而健康的身心，则是注意力、执行力、思考力、意志力的基本支撑。身心不健康时，注意力因为体力不支而难以持续，思考力因为焦虑而难以集中，意志力因为病痛难以保持。情绪心理学也表明，一个人的情绪跟其身心健康密切相关。身心健康时，通常表现为积极乐观的情绪，乐于与人合作协调，工作效率会明显提高。身心不健康时，容易表现出消极、灰暗的情绪，拒绝与人交流，工作效率明显降低。学生从早到晚，坐在教室里学习。没有健康的身心作为支撑，是很难完成各种学习任务，更不可能有效学习的。因此，有效学习必须要以有效体育为支撑。学校需要坚持体育课的规范性，课外活动的常态化，军训、跑操的群体性，让每个学生在每天都有锻炼身体、舒展肢体的机会。这是学习到运动的活动延伸，是静态到动态的转换，对学生的强身健体、情绪乐观、心情舒畅有重要的意义，更能保证有效学习的持续和巩固。

当我们通过有效德育和有效体育，锻炼学生的意志品质，培养学生的行为习惯，端正学生的学习态度，健康学生的身体和心灵时，满意成绩的出现是自然而然，水到渠成的。

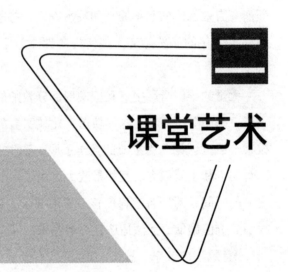

二

课堂艺术

# 如何提高课堂教学的有效性

以"有效教学"为基本路径,向教学要质量,向课程要质量,不断研究有效教学的基本原则和基本方法,并落实于教学活动,是适应新高考变化的必然趋势。如何提高课堂教学的有效性,确有探索的必要。

大量的推门听课中,我们发现部分教师的教学目标定位较低,偏离了"高中""高考"这一轨道。比较明显的证据是,有些文科学科教师,以"识记"为主要的教学手段,让学生背诵词语解释和史实,默写词语和主要内容,互相批改,占用了一节课十分之一,甚至七分之一的时间。对照各学科的核心素养要求,以识记为主的目标定位,很明显价值偏低,无法适应新高考要求,课堂有效性不高。

"有效"即效率、效果、效益。"有效教学"包含三个部分:"有效""教""学",即"有效的教与学"。"有效教学"的三层内涵与三个部分启示我们,必须从教法、学法两个方面,寻找有效教学的实现途径。

采用"学习前置""先学后教"的方法。下面以人教版选修四《英国革命的领导者克伦威尔》为例,说明如何聚焦课堂教学的有效性。先提前一天向学生推送学习任务单,主要内容:一是学习教材,划出主要内容。二是根据教材内容,画出思维导图。三是找出自己未能解决的问题,或提出有价值的问题。

听课中,我们发现:设计"画出思维导图"任务,是"前置学习",有利于学生对本课基础知识形成自己的知识体系;设计"我的疑问"

任务，有利于学生及时发现自己无法解决的问题，既提醒学生作为学习重点，也方便教师"以学定教"，更有效地开展教学。

通过前置学习，基本掌握了相关知识体系，学生提出了疑问：克伦威尔的军事独裁和封建专制王权有何区别？为什么克伦威尔废除君主制，却独揽军事政治大权？克伦威尔的独裁统治，与资产阶级民主制度有相容的地方吗？

这些疑问表明，困扰大多数学生的，是克伦威尔的争议性。根据这一集中呈现的问题，执教教师将教学形式定为"探究"，以"民主战士 or 独裁政客——克伦威尔"为课题，引导学生探究克伦威尔的双面形象。

【史料提供】查尔斯·弗思《克伦威尔传》有关英国国内外情况的两则资料（略）。

【探究问题 1】共和政治面临哪些内忧外患？

讨论中，同学认识到新生的资产阶级共和国需要与荷兰争夺海上霸权，还面临着苏格兰暴动、爱尔兰独立的威胁。此为外患，教材中有文字概括，不难得出。有同学分析教师提供的史料，认为共和国内部也困难重重：国库空虚、阶级矛盾激化、封建残余势力反扑、军官与议会矛盾激化……

【探究问题 2】新生的共和政体稳固吗？克伦威尔怎么做的？

学生认为，新生的共和政体不够稳固，很软弱，不能解决这一内忧外患。于是，克伦威尔驱散了议会，被拥立为终身护国公，建立起军事独裁统治。

探究教师提供的学习资料包，学生理解到，英国的现实环境将克伦威尔推向独裁统治：民主政体在英国取得胜利，但顽固的封建势力

不甘心退出历史舞台。为了巩固已有的成果，资产阶级在最初对封建
势力的斗争中，就有了通过个人独裁，来巩固资产阶级政权的方式。

【探究问题3】资产阶级为什么需要这样做？

根据教材和学习资料包，很多学生认识到克伦威尔这样做，原因
是资产阶级还不成熟，不成熟的原因是资本主义发展还不充分。这样，
学生通过自己的学习和思考，融合了课内课外的知识：从"民主战士"
到"独裁政客"，有克伦威尔权力欲望膨胀的个人因素；更重要的是，
这是在用独裁方式捍卫和传播民主。

由此，学生完成对克伦威尔以及当时英国社会现实的认识升华，
即时解决了自己在课前自主学习中产生的共性疑难问题，培养了史料
实证、历史解释以及时空观念的历史学科核心素养。

因此，注重前置学习，即精准设计学习任务，推送相关学习资源，
有利于让学生带着学习任务，有目的地学习，避免了学习的随意性和
盲目性；有利于以问题解决牵引探究学习，在探究中深度学习，深度
理解知识。这样的课堂，教学有效性就体现得比较明显，其实就是培
养学生的"学习习惯"和"反思精神"，从而学会学习。

新高考对学生的知识迁移与整合、思维深度、能力运用，有更高
的要求。如何让教与学有效率、有效果、有效益，是需要我们始终高
度关注与积极实践的。

# 被兴奋架空的课堂

刚刚教书时，向学生调查对我上课的意见。有一位学生写道："老师，你的嗓门太响了，震得我都睡不着了！"当时觉得，这大嗓门还挺好的，至少我上课没有人能够睡得着了。随着教学经验的积累，加上追求教学幽默，课堂上学生非常兴奋，往往是笑声一片。害得旁边几个班级的学生总在埋怨，还以为又在搞什么班队活动。

二十多年的教学经历，我发现：气氛最好的班级，往往并不是成绩最好的班级；成绩最好的班级，反而经常出现"意外"。在我任课的几个班级中，气氛相对差，有时甚至有点压抑，学科成绩却是最好的。我教过一个班，一走进这个班级，就感觉很安静，课堂上几乎没有学生配合我的"吵闹"，只是静静地听着，成绩却比其他班级高出许多。我发现这个问题，觉得是偶然因素引起的，并未引起足够重视。

有一次，已经毕业的学生来看望我，要求再听听我上的课，我自然答应了。听完课后，这几位学生对我说："怎么感觉不是老师您的风格了？特别是这声音，不是我们记忆中的声音了！我们那时可给您取了一个'大嗓门'的绰号呀！"

近几年，严重的咽喉炎已经不再容许我在课堂上尽情地"叫嚣"了，声音变得"温柔"起来了，用嘶哑的声音上课，学生也变得相对安静了。自己感觉有点心有余而力不足，学生成绩却比以往更好了。如果说安静的班级，学科成绩好，是偶然；难道课堂上教师"嗓门"安静了，学科成绩却进步了，也是偶尔因素？两者之间难道没有某种关联？近几年，阅读了佐藤学先生《静悄悄的革命》，我思考过课堂气氛与学习效率关系这个问题，发表《气氛活跃并非课堂教学的必需元素》一文，探究了安静的班级成绩相对较好这个问题。

最近阅读了苏霍姆林斯基的《让少年一代健康成长》一书，我才明白，课堂兴奋的表面可能埋藏着思维的缺陷。苏霍姆林斯基说："经验证明，教师过分借助于吸引人的、鲜明的和形象的东西，会导致过分地激起少年的兴奋情绪，引起学生的喧嚷和骚动。于是，教师不得不提高嗓门去压制喧嚷声，这更加促使少年情绪激奋。用足力气提高嗓门说话，使大脑皮层处于某种麻痹状态：少年什么话也没有听见，教师不得不大声喊叫，而且还要敲敲桌子。一堂课上'装好的火药'可能使几堂课无法正常进行。如果连续有几堂这样的课，少年处于极其兴奋的状态，他们就可能对教师说出无礼的话。"兴奋、大嗓门、喧嚷、麻痹……不就是我课堂中经常出现的状态吗？我不得不承认，过度兴奋的课堂，使学生失去了倾听的习惯，只是盲目地一起折腾，甚至起哄。有节奏的大演唱是交响曲，无节奏的乱奏就是一种噪音，噪音中学生获得什么呢？我自以为学生在这样的课堂上能获得快乐，其实"教与学的快乐首先系于学习的情况。"忽视学习状况的兴奋，并不是真正的快乐，而只是一时宣泄。

咽喉炎未发作之前，我一进课堂就会变得兴奋异常，似乎是一位宣泄"精彩"的暴露狂，积累多年的素材展示，深深吸引学生，这让我快乐。安静的班级却抑制了我的"狂热"，素材的展示如一条小溪中的流水，慢慢地流淌。而气氛活跃的班级里，素材展示如一条瀑布，痛快地飞流直下。可是，飞流直下的有效性有多少，我却很少去思考。与其说我是在追求课堂教学的有效性，不如说我是在追求所谓的"快乐教学"，让学生欢笑。这种刻意地追求，往往会使课堂教学远离初衷。佐藤学先生就告诫我们："教师应当摆脱那种在授课中，只想达到快乐目的而迁就学生的想法。"而这种想法，已经深深影响了我的教学行为。

幽默引发学生的兴奋，大嗓门催化这种反应，这与其说是活跃的课堂，不如说是喧嚷的课堂，教师甚至需要大嗓门来阻止学生的兴奋状态。这种状态下，即使学生能停止喧嚷，如何能保证学习效率呢？课堂气氛好，并不意味着学习效果好，特别是气氛好得有点过分时，气氛就成为学习的阻碍。我阅读了苏霍姆斯基的真知灼见后，特意就这个问题对学生进行调查。毕业学生与我聊天时说："老师，我非常喜欢上您的课，甚至有些渴望，因为在课堂上我们非常放松。可是，您讲的那些重要内容，我一下课就忘记了。后来没办法了，就把这些内容记在笔记本上，有空的时候再拿出来复习。"这位毕业生没有直接说出课堂教学的低效，其实已经说明问题了。在兴奋的课堂上，兴奋已经把"有效性"赶跑了。学生在高度兴奋状态下，并不能有效地完成课堂任务。相反，在兴奋的怂恿下，学生的兴奋状态越来越远离课堂教学。

教师在刻意用幽默的语言，用引人入胜的素材，用个人的生活经历，用发生着的新鲜事物等，加上有点歇斯底里的高音，能够营造课堂的兴奋状态，把整个教室折腾得"菜市场"似的。我不无得意地认为，我的大嗓门和学生的兴奋状态是课堂教学的两大亮点，在这两大亮点的配合下，搞出了课堂活跃的气氛。殊不知，"两大亮点"并没有点亮课堂教学的有效性，反而点亮了课堂的混乱与低效。

我在为大嗓门失去往日风采而失落时，却发现了课堂教学的另一番天地，才真正醒悟过来。原来，课堂一直被"兴奋"架空着，一直被大嗓门折磨着，而我也一直自我欺骗着。看来。追求"高效课堂"任重道远。

# 避免"永不开始"的课堂

"轻轻的我走了，正如我轻轻的来，我挥一挥衣袖，不带走一片云彩。"这是徐志摩的浪漫。如果教师这样对待课堂教学，那就是一种散漫。课堂应该为学生留下一片"云彩"，一份眷恋，一份感动，一份期待。如果教师在学生心目中是"老师来了，老师讲了，老师走了"，这个教师的课堂永远没有开始，仅仅只是一次机械运动，没有魅力，没有感动，没有圆梦！

苏霍姆林斯基说："课堂教学是点燃少年求知欲和道德信念火炬的第一朵火花。"课堂不仅是传授知识的渠道，更是点燃学生道德信念的火炬。如果火炬被没有一点"云彩"的课堂所熄灭，那就不仅是知识是否掌握的问题，更严重的后果是，让学生滋生厌学的情绪。

老师讲得惟妙惟肖，学生就会听得津津有味，课后余音袅袅。老师讲得支离破碎，学生就会听得鸦雀无声，课后一无所知。人生而充满着野性，课堂是柔化学生野性的最佳地点，教育是柔化野性的主要方法，并且润物细无声。聚焦课堂才能感动学生，感化学生，圆梦学生。如果教师的课堂犹如从未开始的课，这无疑增加了学生良性发展中的熵值，让学生发展进入无序化状态。学生通过课堂吸收负熵，无序化状态就必定会发生。

杜威说："我们既然深知生活即是生长，便不应把儿童时代看作理想生活；这种事情就实际影响看来，无非是懒散的放浪。"许多时候，教师在教学中视学生为一个理想之中的人，认为学生课堂上应该认真听讲，这其实是自恋式的一厢情愿。没有精彩的课堂，就不会有预设的结果。一堂单调枯燥的课，就是对学生的伤害，是对学生的不敬。教无定法，但教有目标；达到目标的方法有许多，但都离不开学生的积极参与。只有师生互为主体的课堂，才是真正开始的课堂。

如果一位教师在课前，只准备了"教什么"，没有去思考"怎么教""为什么教"，那么，这样的课堂一定是无趣的。课堂绝不仅是知识传授这么简单。社会对教师有许多不敬之言，原因之一是许多人认为教师缺乏专业性。其实，这是一种误解。教科文组织早就把教师定为一种职业，只是这种职业没有得到足够的重视。一位具有教学艺术的教师，要具有良好的教育学、心理学、哲学的素养。一个平庸的老师，自己觉得是诲人不倦，学生心中可能是毁人不倦。

教师应该是一名医术精湛的老中医，对课堂教学内容和学生接受能力进行把脉；而不是竹筒倒豆子，倒光就完事了。知识、问题，需要有条不紊地析出。看似细水，却连绵不断，思维更是永不中断的电波，忙碌的神经递质遗忘了疲惫，永远是那轻疾的春风，吹走思维冲突的耗热，如恒温动物一般，不断产热，不断散热，收获饱满却没有疲惫。而永不开始的课，满堂灌的课，就是一堂冬眠的课，甚至学生连蛰伏的本能也会遗失。这样的课堂，没有季节变化，学生却时时带着寒冷的症状：冬眠。学生一进入这样的课堂，冬眠似乎是烙在基因深处，习惯成本能。这样的课堂会有开始吗？结束，倒是随之而来。

最可怕的课堂，是学生连冲突的愿望也不再有。没有开始的课堂就是如此。苏霍姆林斯基说："课堂教学是对年轻人心灵的召唤。"没有开始的课堂，是对学生心灵的催眠。"学生不喜欢课堂，或者是课堂拒绝了学生，就产生了主流社会同儿童内心世界的潜在的对立，学生就没有了恒业——自己喜欢的而又是有益的事业。儿童与课堂不和谐以至对立，成为儿童生活中的一种带根本性的严重问题。"矛盾并不可怕。有矛盾，说明还有协调的空间。学生如果如冬眠般而无视课堂，其后果才是无药可救的。没有开始的课堂，就是死寂一般的哑巴课堂。师生在课堂上没有任何知识与问题的互动，只有时间和空间上的相遇，教与学都没有真正开始。

学校教学中，不能让永不开始的课堂漫延。教师在课堂上应该是主持人的角色，有善于挑事甚至有点挑逗的心，用规范的词去定义学科知识。但教师要善于用不规范的词，来解释严谨的学科知识，讲活古板的知识。教师应该如主持人一样主持课堂，深深吸引学生的注意力。教师应该是一位语言大师、表演大师。精彩才能生成精华。

# 教师与学生应该互相尊重

"教育首先是一种尊重，一种保护。"从某种意义上讲，"保护尊重"是"保护教育"的开始，师生之间的课堂互动和人际交流，就是以"尊重"为中心的交流。任何脱离"尊重"的教育，都是有失偏颇的。"尊重"绝非是单维度的，也绝非是纵容与放任，"尊重"具有一定的强制性与责任感。马卡连柯说的"我的基本原则永远是尽量要求一个人，同时也要尽可能多地尊重一个人"，应该成为教师从事教育工作的座右铭，做到既尊重学生，又要求学生。

一种"伪尊重"的教育正在蔓延，那就是无条件地尊重学生。教师们在学生面前越来越谨小慎微，唯恐在批评、管理、惩戒、学业负担等方面冒犯了学生，背上"不尊重学生需要"的恶名。因为尊重的需要而战战兢兢，没有程度与方向的把握，这样的教育就是"伪尊重"的教育。有时，教师应该对学生不尊重的行为，适当地运用反作用力，甚至可以说，对学生不尊重的行为运用恰如其分的反击，就是对尊重本身最好的诠释。尊重永远是有条件的，那就是相互尊重，张扬学生个性，也应该张扬教师的个性。任何时候，把教师塑造成一个没有个性的圣人，都是对教育的歪曲。

我有一次拒绝辅导的经历。在课堂上，发现一个学生在做其他学科的试卷，我批评了他，要求他认真听课。临近下课时，他却要求我重新给他讲解上课的内容。我坚决拒绝了他，对他说："你在我的课堂上做其他作业，是对我不尊重，不尊重别人的人，是得不到别人的尊重的，我不会给你讲解任何与这一堂课有关的内容！别因为我教你，你就可以把我晾在一边！"拒绝了他的请求后，我其实很矛盾，但我必须拒绝，让这位学生知道尊重是一种双向的活动，而非无原则的迁就。这件事过去好几年了，我至今不能释怀，也很难判断我的拒绝是对是错。但我坚信一点，那就是教育需要相互的尊重。

孔子说："自行束脩以上，吾未尝无诲焉。"难道孔子仅仅是为了得到十条干肉，需要那点可怜的学费？我想并不是如此。孔子真正需要的是告诉学生什么是对教师的"尊重"。十条干肉无法替代尊重，但它的象征意义却非常重要。许多事情的意义，远胜于它本身的价值。或许孔子告诉了我答案。有时，教育本身并不是一种明确的是非概念，而是一种相对的情绪释放，毕竟教育中的主体都是活生生的有个性的人。这件事一直让我耿耿于怀，后来我找了这位学生进行交流，告诉他我拒绝的原因，他也表示理解。我的性格告诉我，这样的拒绝没有错。可我的教育理念，却告诉我这样错了，所以一直不能释怀。"教育成功的秘密在于尊重学生。"我想是否应该这样：教育成功的秘密在于尊重学生，并培养学生学会尊重。挫折永远是痛的，但它会唤醒人的意识。教师教会了学生太多的知识，如果没有教会学生如何做人，这必然是失败的教育。教育的真正目的，是教育学生如何做一个合格的人，而不仅是掌握多少知识的人。这就是"知识"与"智慧"的区别！

叔本华的母亲对叔本华说："你应当放弃任何表面的光彩，如果你想靠科学生活的话，'受人尊重'要比'猎取外表华丽'更好。"教育也需要有勇气，放弃"表面的光彩"，去做实实在在的事。教育应该具有适当的理想状态，但它必须走向现实。教育是现实生活的预热。理想中的教育与现实的教育有点差距，这就是教育需要努力的方向。教师需要"脚踏两只船"，一只脚踩在理想之中，另一只脚立在现实之中。有矛盾，有冲突，就是一种成长。任何成长，就是如此卷进冲突之中，然后不断递进。心中需要一幅美丽的蓝图，现实需要脚踏实地的努力。

用语言告诉学生什么是尊重，远远比不上学生亲身经历更具体验深度。良好的品格只有在相互尊重中产生，尊重本身就是一种思想，一种渗透力。没有无缘无故的尊重，只有相互尊重。任何对他人的漠视，只会使得自己身处漠视。教师不尊重"思想"，学生也就不尊重教师。然而更加危险的是，学生也像教师一样地不愿意思考。教师放纵学生不适当的行为，无原则地尊重学生，就是对"尊重"这种思想的漠视与冷漠，这也必然使学生无法真正理解尊重的内涵。在尊重他人的基础上，收获别人的尊重，才是真正的尊重。可是，很多人强烈需要得到别人的尊重，而漠视去尊重别人，这是一种不良的认识。不劳而获的尊重，只会永远让自己懊恼不已。有时，教师拒绝学生的某些要求，就是一种尊重，是对"尊重"这种思想的尊重。

尊重是相互温暖的，热源是双方的。尊重就是相互取暖，而不是靠着热炉。我选择了拒绝学生的无理要求，就是要告诉学生：别因我会教你，你就可以把我晾在一边！教师也需要学生来"取暖"，学生那双明亮的双眸注视着教师，就是教师最好的取暖方式。教师的活力也需要学生的支持。学生对教师最好的尊重，就是认真倾听教师的讲解，而不是随意选择听与不听。任何时候，学生自由的权力是受到的限制的，课堂永远是相对自由的选择。这种选择不是自愿的，否则课堂就会成为散漫的没有规则的地方。这是为学生进入社会，做各种准备工作。学生以后参加工作，也是这样。学生有权选择工作，但选择工作的权力必须受到限制。否则，就是一种无政府状态，学生和社会就会失去真正的自由。

# 教学也需走进"现实世界"

《教师不可不知的哲学》一书中说："中国传统教育中，教育的内容是教人成圣成贤及如何堂堂正正地做个人，对社会的阴暗面和人性的幽暗面是不提的。假如'人'是会追求功名利禄的'社会人'，他就必须去了解在追求功名利禄的过程中，总是会有人以'使坏与使诈'伎俩来追求功名利禄；假如他不了解这一点，假如他不知道这些伎俩是什么，对他追求功名利禄必然会产生阻碍。所以，一个完整的教育，一个关照学生人生幸福的教育，就需考虑把这些人性和社会的黑暗面凸出来，让学生知道。"这似乎是每一个有良知的教师所不情愿的事。我们总在为学生描绘一幅美好人生的蓝图，生怕学生被自己的不良言行染上了不洁的尘埃。许多教师心中有"因言获罪"的忌讳，把一切人生的"食品"都精挑细选，扔掉"粗粮"。所以，教师展示给学生的，其实并不是"自然成长"的产物。

西方教育史上，第一个站出来教学生"使坏"的教师，是马基雅维利。他诚实地告诉这个世界的真实情况，指出真实世界与理想世界是不同的。他觉得，作为教师，自己必须让学生明白这个世界的真实模样。教师有责任让学生知道，因为学生从教师的手里走向社会。马基雅维利指出的"现实世界有三点"，师生必须引起重视：

一是人类世界之所以如此这般，追本溯源，乃是人之初性本恶。引用他对君主观念的论述，如果教师在"被怕"与"被爱"选择其一的话，从教育的可行性来说，教师应该选择"被怕"，而不是"被爱"。当然，这个"被怕"，并不是憎恨，而是一种敬畏。事实上，一个"被怕"

的教师，比一个"被爱"的教师更容易管理。一个调皮的学生，很容易忘记一个可爱教师的教育，却不太敢忘记一个敬畏教师的训导。心理学认为，人最容易去伤害的，并不是与自己疏远的人，而是与自己最亲近的人，这是人性的弱点。我调查过学生最讨厌的人、最恨的人、最烦的人，绝大多数同学都认为父母、教师，或者是曾经与自己关系非常密切的人。

二是真实世界的"功名利禄"是有限的，这必然导致竞争加剧。教育是社会的雏形，学生在学校中学习，是在为走入社会做准备。学校教育中并不是没有竞争，但更提倡人性关怀。学习上的竞争，是通过个人努力可以实现的。可是社会的竞争，绝不是一种单纯的有序竞争，其中充满许多未知因素，甚至，有时决定胜负的就是这些未知因素。中国的传统教育中，知识分子有着强烈的"学而优则仕"的念想。放在当今世界来说，这个"仕"就是"功名利禄"，而不仅是为官。真实世界是残酷的，它只能让一部分的欲望得到满足，有一部分的欲望永远都得不到满足。我们的学生，有这样的心理准备了吗？社会竞争并不比自然竞争的生态位分化简单。自然竞争出现差异性分化，然后各自有所偏爱。而社会竞争往往更为利己，仅有的一点"功名利禄"，怎么可能得到均分呢？

三是让真实世界变得如此这般的理由，似乎不是这个时代的人所能理解的。马基雅维利告诉人类，这个世界并不是完全由人掌控的，所谓的"人定胜天"只是自欺欺人。人有力量改变世界，但并不意味着有力量控制世界。同样，对于每个人的成长来说，"幸运之神"或者平时所说的"机缘"或"机会"，也是相当重要的。教师总在教育学生："努力总有回报！"教师自己相信吗？努力只是回报的前提，而不是保障。有时，"运气"的成分有很大影响力。可是教育从来很吝啬，不肯也不敢对学生说"做事情不仅是努力，还有运气"。

教师要告诉学生什么呢？教育绝不仅是"是什么""为什么"，还需要的是"做什么""怎么做"这些有关"人"的知识。进入社会是与人打交道，没有"人"的知识，学生怎么能"知己知彼"呢？马基雅维利毫不隐瞒地教人"使坏"和"使诈"。自然，教育不可能这样做。但教育和教师应该让学生明白别人可能会如何使坏。孔子说："不知信，无以知人也。"不善于辨别人的话语，就不能真正了解人，无法辨别人的话有怎么样的目的。培根说："知识就是力量。"教师更应该告诉学生，"知人也是一种力量"，它更是一种智慧。学校教育绝不仅仅是显性知识的传授，更是教育学生学会如何做人。有时，学生会陷入培根所说的"剧院偶像"之中，因为人总是以为理性主宰语言，盲目相信课本、教条，不去辨识具体情况，总把教育中那些以口传授、空口无实的东西，当作金玉良言，几乎对外界充耳不闻。"剧院偶像"式的教育，让学生激情一回，其实没有对人生产生任何真正的作用。教育只教金玉良言，拿着别人的思想来教育孩子，本质上就是一种畏难求易；用一个光环套住学生的思想，自身并不见得纯洁。这种"剧院偶像"式的教育，无疑是在不断地怂恿学生思维的懒惰。教师必须记住，教育并不是培养圣人，而是培养合格的公民。合格公民不仅需要公民的基本素养，更需要内心有"现实世界"的模样，能够在现实世界中立足。培根说："要管得住自己，不是管别人。"管得住自己，就是要保护自己；不管别人，但要了解别人，因为自己一直生活在别人之中。教师必须明白，聪明才智不只表现在读书，做人做事更显示人的才智。

知无涯，一个人不可能做到全知，但绝不能是偏知，特别是不能是书呆子。教育总在提倡全面发展，我们看到过全面发展的教育了吗？充其量，教育只是数理化这些显性知识的全面发展。一个人真正的均衡发展，心智不可或缺。心智是心灵的智慧，不仅能辨别是非，也能看清别人，是开启人生未来的"法眼"。学生是教师放出去的一只鸟，教室不要放出天真的鸟，而要放出能高飞的鸟。那就给教育留点"真实世界"的空间吧，大胆地告诉学生，这个世界并不完美，飞出去后，有雷电，有风雨，有天，有竞争，这些都每个人要经历的，也需要自己开启智慧去战胜它。教育告诉学生这是一个怎么样世界，只能由学生去经营自己的世界。

# 聚焦课堂教学的教育

花团锦簇的时候，人们往往会忽视植株本身存在的价值。可花无百日红，绿才是本色风景。当今学校教育常常显得"花枝招展"，校方和教师却有意无意地冷落了课堂教学的主体地位。教育可以点缀，但绝不能让点缀成为教育的主要风景。日常课，是一种具有原生态价值的课堂，没有过多的装饰，却是每一位教师日积月累教学水平的展示。

教师应该把主要的精力花在课堂教学的设计上，而不是简单的知识。有些教师把课堂知识教成集装箱，不停做着搬运工的事。课堂教学不是知识的克隆，它更应该具有创造。如果把每一堂课的知识点罗列出来，展示给学生，多媒体就能胜任。课堂教学具有多种功能，是学校教育中最为关键的生态系统。它是"热带雨林"，有着丰富的"基因库"，时时展示它生命的活力和内在的协调统一，有竞争、有掠夺，却充满着进化。

学校教育中，没有无教育的教学，也没有离开教学的教育。课堂教学是教育的主阵地，一旦失去它，教育就失去它的意义。聚焦课堂教学的学校教育，充分发挥课堂教学具有的许多种功能，教育才能走得更远。如果把一所学校发生的事视为一个剧本，那么主演和主演发生的主要事件都不能离开课堂，否则就本末倒置。在这个充满诱惑的现实世界中，学校不应该花太多的精力在一些枝节问题上，而应该时刻聚焦课堂。

课堂教学是传授知识的主要场所。教师可以作一个工匠，他必须熟悉每一个动作要领。虽然"功匠"有点贬低教师，但不可否认，"熟悉专业知识""熟悉教学设计""熟悉学生的学情"是教师的基本要求，这是每一个教师的底线。如果教师连"工匠"的要求也达不到，那肯定是不合格的。学生来到学校的第一要务，是掌握他即将进入社会所需要的基本知识。离开知识的教学毫无意义，知识的运用也是文化的重要组成部分。知识如动物在生态中具有的生存本领，忽视它，动物就会失去生存的原动力。尽管"工匠式"的教师缺少创造性，纯知识的课堂会失去精彩生成，但没有基本知识、一味追求"知识生成""创新"的课堂，那是虚幻的海市蜃楼。

课堂教学能立规。学校中有许多规章制度，但是它的效能到底有多少呢？白纸黑字的文本规则总显得比较苍白和疲软，只有贯穿于课堂上，规则才会强劲有力。课堂教学的动态性更有利于学生养成立规的习惯，习惯的养成绝不是靠静态的条条框框能达成的。上课不准睡觉，迟到必需报告，有事必需请假，作业必需独立完成，课堂里保持安静……这些都离不开课堂上的立规，从这个意义上说，课堂是学生养成规矩的最佳场地。没有规矩不成方圆，没有规矩不会做人。但事实上，许多时候，"立规"这一常态性的问题，却只是班主任的行为，许多任课教师往往"轻轻的我走了，正如我轻轻的来"。"立规"应该是课堂教学的任务之一，"规矩""规则"就是学生走向社会的生存能力和适应能力。没有一个单位是没有规矩的，有些规矩看似不合理，那也是单位的文化。文化不可能有去适应人，只能人去主动地适应文化。许多看似无效甚至浪费时间的管理行为，其实就是为了立规。

课堂教学能渗透人文关怀。人文关怀是以人为本的世界观，集中体现对人本身的尊重，它着眼于关怀生命，关注人性。许多人认为文科注重人文素养，理科注重科学素养，其实，不管什么学科，都有人文关怀。因为人文素养、科学素养，都是为了提高人的生活质量和生命质量，都是人文关怀。教师课堂上对学生的一个微笑，都是人文关怀。教学艺术建立在人文关怀的基础之上，没有人文关怀的课堂就失去了"人情"和"人性"。人文关怀不仅包含在学科内容中，更折射出学科教师本身的内涵。

课堂教学可以改变学生的习惯。斯迈尔斯在《自己拯救自己》一书说："改变一种习惯比学习一种习惯往往要艰难得多。"教师的人格魅力，主要通过课堂教学艺术来激发和展示。一个只会讲理的教师，在学生心目中很可能就是一位不讲理的教师。学生对教师的信任和尊重，来自学生对教师课堂教学水平的认同。一个教学水平高的教师，会赢得学生的信任，会让学生认同学科内容的真实性，会吸引学生喜欢上这门学科。

一位老教师上完非常精彩的公开课后，听课教师问他"为什么能上出如此精彩的课，为此准备了多少时间"，老教师的回答出乎意料，这节课他没有任何准备，又准备了一辈子。教室是生成精彩的地方，教师聚焦课堂，使教育回归本真，和小说比精彩，和网络比魅力，才能真正唤回学生渐离渐远的心灵。

# 课堂不能成为少数人的游戏

青岛市普通教育教研室陆安老师说："一堂课，不同的教师执教，演绎出完全不一样的风采，这是对课堂的一种经营。一堂课，不同的教师上得差不多，则是对课堂的一种扭曲。"排除公开课示范课，回归日常课，我们发现课堂总是缺少风采，更多是类同。日常课，巧合太多。教师匆匆忙忙备课，匆匆忙忙走进课堂，又是匆匆忙忙离开教室，留下一大批一脸茫然的学生。上完课，未必就是完成了教学任务，更不能说已经达成教学目标。教学任务的完成和教学目标的达成，需要教师精心经营。否则，课堂教学就成了少数人的游戏。少数尖子生独霸的课堂，再加上独裁的教师，学生日积月累的疑惑就演化为厌学。

即使一堂课是演戏，那也必须精心表演。导演是教师，每一位学生都是主演，演出各自的特色，而不应该仅是导演的原意。可是日常课上配角太多，不用说参与，有些学生只是刷脸而已。少数学生甚至连刷脸也不愿意了，因为自己已经主动放弃或者被教师放弃了。没有比"放弃"更可怕的。放弃的原因有许多，非常重要的原因之一就是学生做配角太久了。

课堂成为少数人的游戏时，配角们就会越来越消沉，最后就会主动放弃自己放弃课堂，"身在课堂，心在外面"，神经系统总会不时旅游。课堂只是教师和少数学生的互动。教师的意图，只有这很少部分学生才能意会，更多的配角们用沉默表示无奈。杜威说："课堂练习犹如社会的'情报交换所'，在那里可以交流经验和思想，进行批评，错误的概念得到纠正，并树立有关思想和研究方面的新方针。"可是，只注意少数人游戏的课堂，即使有"情报交换"，也只是少数人的交换，更不用说经验、思想的错误得到纠正。学生连什么问题都没有明白，何来"错误"一说呢？

"一个装睡的人，无法叫醒。"学生为什么要装睡呢？他们没有得到教师的重视，没有与学霸的交流，没有机会表达自己的想法，就一个个会慢慢地"装睡"，最后就真正睡着了。一群小孩玩耍的时候，总会有几个小孩站在角落偷偷地观望，欲试又不敢。这时，特别需要家长的鼓励和小伙伴的邀请。如果一直没有得到帮助，他就会一直这样远远地观望。一次帮助，一次邀请，就可能改变了一个学生的态度。但许多时候，课堂只是少数人的游戏，教师的每一次提问都被少数人的声音所占据，教师又只想听到正确的答案。即使有学生说出了正确的答案，教学目的也没有完成。因为许多学生还需要指点、解释、重申，少数人的声音并不代表绝大多学生能够理解那些正确答案。

教师的问题太简单，那只是停留在识记层次；如果太难，许多学生会一脸茫然，只留下少数学生在参与游戏。所以，教师应该要精心选择提问，实践有效提问。教师要根据"最近发展区域理论"，提一些学生思考后能摸到却摸不全的问题，使更多的学生积极参与讨论。曾听一位资深教师深有体会地说："分析自己的提问后，才会意识到自己的提问可能很差劲。我发现自己常用问题来填满课堂时间，提的问题很少需要学生思考。与学生交谈时，特别是与学习有困难的学生交谈时，很需要的一点是，提出的问题既要让他们思考，又要让他们在学习过程中知道下一步如何做。只让他们知道'正确答案'，是没有用的。"

注重少数人游戏的课堂，不自觉就沦为答案教学。掌握的学生说出正确答案，不懂的学生沉默不语，课堂上只留下正确答案，这正中教师的下怀：学生都懂了，那么继续下一个问题。每一个问题，都这样重蹈覆辙。这是一个看似高速旋转的陀螺，看似高速运动，其实位移是零。这样的问题教学，就成了教学问题。

课堂应该是绝大多数学生的乐园。教师需要精心经营课堂，要有底线教学。特别是引入新课内容时，教师不能为了教学速度，忽视了课堂的有效性。一个班级、几十位学生存在的客观事实是，每位学生有着不同的口味，有学生吃不饱，有学生吃不下，教师这位大厨众口难调，但至少应该保证每一位学生吃到。吃不饱的学生，教师可以课外加餐。吃不下的学生，教师可以课外适当弥补。如果教师只是考虑吃不饱的学生，不断加餐，必然会引发吃不下学生的厌食症。

教师无法选择课堂教学内容，但可以选择教学方法，抽象的知识形象化，难懂的内容进行类化。许多时候，学生并不是理解知识出现了问题，而是解题过程出现问题。学生如果能听懂新课的内容，就不会放弃课堂放弃学习。所以，教师应该特别关注新课的传授。这是一个重要的阶段，至少对学生来说，关系到能不能参与其中的问题。学生能理解知识，但并不一定能解题，这是知识点迁移、拓宽、运用的具体应用问题，需要不断锻炼。初中刚升入高中，许多学生还是采用初中的学习方法。特别是一些男学生，想当然地认为，自己在初中并没有尽心，最后阶段努力一下，也能得到理想的成绩。随着高中知识难度的明显加深，这个"想当然"相当有害。这就需要高一教师特别提醒学生，不断强化训练；同时，教师要考虑本校学生的学情，首先考虑的问题不是怎么样解题，而是怎么样能让学生们能听懂。一个学生对教学内容捉摸不透，教师又撒手不管，迟早会让学生更加捉摸不透。

能让学生在课堂上能听懂，是一个非常明了的教育问题。可是，随着日常课的功效化，公开课的表演化，"让学生在课堂上能听懂"越来越被教师漠视。一个学生再也听不懂学习内容时，教学问题就会演变成教育问题，学生的性格会产生变化，甚至会引发许多不良事件，学生荷尔蒙中的野性，不能通过学习实现中和。这不是绝对的，却是大概率问题，谁愿意一辈子做配角呢？

一个教师的风采，可能成就一个学生未来的风采。教师这位大导演，不能如电视剧那样，有着一号、二号主演和配角，每一个学生都是主演，都不能落下。

# 课堂疑问需要"有效质疑"

吴非在《不跪着教书》一书中说："在我们这边，有些教师不喜欢学生质疑问难，并不完全是因为学生的问题有可能让他'挂黑板'，而是陈旧的教学观念使然，他们认为寂静的课堂是学生'守纪律''专注'的表现。"我们发现有些学生的"质疑"并不一定是质疑，而是成为"狡辩"，或者成为不愿思考的懒惰性习惯。《论语·卫灵公》指出："吾尝终日不食，终夜不寝，以思，无益，不如学也。"有少数学生，不是关心如何学习，而是每天沉浸在自己的所谓的"思"或"疑"中。其实，这是非常无益的。不管怎么样的形势下，教会学生如何学，永远是首位的。学才是学习的根本所在，适宜的"疑"只是学生的助动力。

《奥修寓言》中有这样一个故事：有一天，哲学家青蛙遇见了蜈蚣，久久地注视着，心里很纳闷，自己四条腿走路都那么困难，蜈蚣居然有成百条腿，它如何行走？这简直是奇迹！蜈蚣是怎么决定先迈哪条腿，然后迈哪条腿，接着再迈哪条腿呢？于是，青蛙拦住了蜈蚣，问道："我是个哲学家，但是有个问题我解答不了，你有这么多条腿，是怎么走路的？"蜈蚣说："我一直就这么走的，可谁想过你的问题呢？既然你问了，我得想一想才能回答你。""怎么走路"这个念头，第一次进入蜈蚣的意识。蜈蚣觉得青蛙是对的——该先迈哪条腿呢？蜈蚣站立了几分钟，动弹不得，蹒跚了几步，终于趴下了。它对青蛙说："请你再也别问其他蜈蚣这个问题了，我一直都在走路，这根本不成问题，现在你把我害苦了！我动不了了，成百条腿要移动，我该怎么办呢？"有时，"质疑"真的有害。青蛙的质疑成了蜈蚣的致命伤，每当蜈蚣想到哪条腿先走时，就再也没有腿可以先迈了，结果就走不了。

世界经济合作与发展组织对知识进行分类，要求人们掌握四种类型的知识，"知道是什么""知道怎样做""知道是谁""知道为什么"。日常学习生活中，前两者知识是最多的，不需要质疑，不需要刨根问底。什么都想质疑"为什么"，并不见得对这两类知识的学习是有利的。"知道是谁"的知识，就是知识的选择性学习。在知识爆炸的时代，一个人不可能学习、学到所有的知识。唯有学会选择，才是真正有效的学习。学生的时间和精力是定值，某一方面消耗多了，就会影响到其他方面的学习和发展。"知道为什么"的知识，仅是四种知识中的一种，虽然其重要性不可动摇，但并不见对每个人的成长都是同等重要。对大多数人的学习来说，前三者才更为重要，不是所有的知识都需要用"为什么"来质疑。青蛙的质疑，给蜈蚣带来了什么？走路本身是不需要"为什么""怎么样"的，动物本能的反射就能完成。如果人整天想着肌肉是如何来协调的，真不见得是件好事。由此可见，教育不仅仅要让学生学会质疑，更为重要的是让学生学会选择质疑，不能让学生"怀疑一切，打倒一切"。否则，就会严重影响学生的有效学习。

知识是有类别的。教材中定理、公式之类的许多知识，如果带着质疑的态度去学习，就会大大降低课堂教学的有效性。因为，怀疑本身就是思想冲突，这种免疫式的学习，"排斥"远大于"亲和"。虽然教育界一直提倡"知识并一定是真理"，而且真理也具有时限性，可是对教材内容存在过多的质疑习惯，是无益于学习的。学生需要的是知识进行同化，而不是知识的重新构建《论语·里仁》中说："讷于言，而敏于行。"过度质疑的学生，或者就是钻牛尖的学生，会演变成"讷于行，而敏于疑"。一个猜疑成性的人，实质上是行为懒惰的人。一个人"想了什么"并不是最重要的，最重要的是他"做了什么"。从这个意义上说，行动永远胜于思想。何况，"猜疑""狐疑"并不是思想，而是在为自己的某些方面失败寻找冠冕堂皇的理由，用绞尽脑汁想出的理由来抵制失败。

质疑成性，不仅是行动上的懒惰，也是思想懒惰的伪勤奋。有时，学生不是因为勤于思考提出疑问，而是自己不愿多动脑，养成了动不动就问别人的不良习惯。经常有学生会问教师："这题怎么做？"可是教师问："你想过怎么做吗？"学生的回答却是："我做不来的！"学生其实内心就想依靠教师，因为问一下简单省事。教师不能使学生养成过于依赖自己的习惯。"不懂就问老师"，这或许就是家长提醒学生怎么样学习时，最多的一句话。这种情况的存在，学生"质疑"成性，就会失去学习主动性的习惯，而只是一味地好问，类似于"叶公好龙"。叶公并不是"好龙"，甚至害怕龙，见到真龙时，吓个半死。这类"质疑"成性的学生，其实害怕真正有思想的质疑，因为他们根本就拿不出来，只是在养成对老师的信赖。勤疑的背后，是思想的缺失，也是学习的虚假积极。《礼记·学记》说的"学，然后知不足"，不能成为"疑，然后知不足"。学中有疑，是积极的。可是只有疑，没有学，或者学的因素不大，那就只是习惯性的依赖，就会对学习产生很大的负面效应。

学生的无选择性"质疑"，是怎么样形成的呢？他们从小学开始就受到了这样的教育，"遇疑问要问明白为什么""不懂问老师"。这无可厚非，但事情都得有度。现在，部分学生已经陷入"为什么"的沼泽中不能自拔，甚至成为一种心理问题。"什么都想搞清楚"与"什么也搞不清楚"，其实是一回事。许多时候，教学方法本身没有"为什么"可言，少数学生因为想搞清楚"为什么"，结果是越想越不明白。

部分学生在某个并不紧要的环节被"为什么"折腾着，导致了课堂教学和学生学习的有效性大大降低。担任多年的班主任工作，我发现心理问题严重的学生，都有一个共同点，那就是太"较真"，什么都想弄明白，结果什么也弄不明白，倒把自己弄"糊涂"了。

对任何事物不加选择的质疑，本身就是一种最大的浪费。人的精力是有限的，切忌对所有知识都陷入"探究性学习"之中，这是费时又没有必要的。对课堂教学的内容，怀疑精神并不太值得赞扬。现在，部分学生已经成为真正的"钻牛角尖"，甚至进了死胡同，不管遇到什么样的问题，都想弄明白为什么。这是严重的问题，如果再严重下去，学生就会产生心理问题。课堂教学中的许多内容，学生并不需要用"为什么"来质疑的。如一个公式，学生的学习重点是如何运用，而不是如何推导。它是"知道是什么""知道怎样做"的知识，而不是"知道为什么"的知识，可是少数学生却忽视了"什么"和"怎样做"，陷入推导过程的"为什么"之中，这就大大降低课堂学习的有效性。下课时，经常会有学生来问："老师，这样可行吗?"他们因为怀疑，在具体解决实际问题过程中并没有落实，似乎"运用"是一种投资，怕亏本了。特别是在传授教学方法的时候，如果学生首先质疑其可行性，甚至怀疑其应用的价值，却没有实践过，怎么会知道结果呢? 怀疑也要有选择性，否则就是"胡闹"。很多情况之下，学生其实没有学会选择质疑，没有学会选择有效的质疑，而是在滥用质疑。我们提倡"有效质疑"，教师有责任指出学生质疑的价值性态度。如果仅是"猜疑""狐疑"，或者本身就是不愿多思考的伪勤奋，教师就应该指出，甚至是批评。否则，学生会越走越远，最终陷入"质疑"的沼泽中，不能自拔。

# 请还给学生沉默的权利

美国教育家帕尔默在《教学勇气》中说："真正的教育中，沉默作为学生需要内心世界工作时值得信赖的母体，是适合更深层次学习的媒介。"视学生之沉默为一种深层次的学习，确实如书名，的确需要教学勇气，更是教师的一种见识。只是，教师在紧张的课堂氛围中，不习惯为思考留白，沉默的气氛会让教师感到心悸。日常的教学中，"沉默"很容易被理解成为"死气沉沉""没有活力"，这是教师最为害怕的课堂气氛。其实，两者之间具有明显区别，"沉默"是静的表面下在活的思考，"死气沉沉""没有活力"则是静的表面下失去思考的活力。

"等待时间"这一概念，是美国心理学家罗伊在 1974 年提出。她在研究课堂提问时发现，教师提出一个问题后，如果学生没能立即回答，在提问与引导学生回答之间的等待时间是 0.9 秒。这么短的时间内，学生是不可能进行充分的思考并构思答案的。因而，课堂上常见的情景是，教师提出一些简单、封闭性的问题，学生不用思考，只凭回忆就匆匆回答。罗伊的研究表明，教师缺少给予学生沉默的机会，或者说课堂内，大多数老师是不许学生沉默的。课堂上教师习惯喋喋不休的讲解，对学生提问也习惯立问立答。许多教师缺少等待学生回答的耐心，生怕宝贵的教学时间浪费在学生的沉默上。"雄辩是银，沉默是金"，有时候依然适应于课堂教学中。课堂教学离不开创设问题，但仔细分析教师的提问，大多数是"是什么""对还是错"等识记性质的。这些问题的答案，大多数学生可以很轻松得出答案。如果是"怎么样""为什么"之类的提问，学生在短时间内不可能给出满意的答案。教师要么自问自答，要么用"一问三不知"来讽刺学生。教学应该要证明学生的"有能"，而不是"无能"。可有时，教师在课堂上却反其道而行之，课堂上没有培养学生的自信心，而是挫伤了学生的自信心。

公开课上，教师最怕的就是学生的沉默。严育洪在《教育我们还能做些什么》中说："公开课中，教师一般都不喜欢出现沉默，似乎沉默就意味着教学活动卡壳、失败。其实，教学活动越是具有挑战性，学生沉默的时间可能就越长。这样，学生思考的真实度和深刻度就越高，这是一种'静悄悄的革命'，而不是浅尝辄止的浮躁。"听了许多公开课，确实没有见到有超过一分钟沉默时间的思考，而是以秒来计量的"热烈"和"活跃"。经常见到教师打断学生思维的沉默时间，很少有教师以自己的教学勇气来支持学生沉默。可以说，公开课时，教师是忍受不住学生沉默带来的寂寞的。自然，干扰沉默，成了教师排除寂寞的利器。

现在课堂上，教师缺少给予学生沉默思考的机会。或许再等几秒钟，学生就可能从定势中走出来，豁然开朗。可是，教师没有给予学生这样的机会，使学习的效果大大降低，因为学生缺少了顿悟。同时，教师也没有尊重学生沉默的权利。大部分教师认为，回答问题是学生的一种责任。但是许多学生在没有考虑成熟时，就被教师叫起来回答问题，这本身就是一种浪费。请学生回答问题时，教师应该考虑学生的尊严。学生被动回答问题，会感到失去安全感。

扪心自问，有多少教师尊重过学生沉默的权利？有多少教师考虑过让学生回答问题时，要考虑学生的尊严？教学并不是"教"与"学"那么简单，"教"与"学"之间不是相对独立的结构，而是一个统一的整体。联系两者之间的不是知识，而是情感。情感的流露和交织才是教学的真谛。对学生来说，情感不仅是一种需要，更是一种尊严。只有让学生感到了尊严的课堂，才是有效的课堂教学。而这种尊严的体现，少不了教师对学生各种权利的尊重，特别是学生的一些隐性的权利。教师必须经常思考应该尊重学生哪些隐性的权利，而不是一味地"关心"学生。许多时候"关心"，也可能是一伤害。

"沉默是金"，需要教师的耐心和真诚。学生的沉默并不全是无知，更多是思考。可惜许多教师缺失耐心，课堂教学上似乎一直在争分夺秒。这其实是一种最大的浪费，浪费的是学生的思考习惯和思考激情。学生的思考习惯和思考激情，是教师最需要珍惜的。一旦学生失去了思考习惯和思考激情，课堂就会苍白无力，毫无生机。可是，很多教师宁愿选择苍白无力、毫无生机，也不愿给学生一个等待时间。

# 停一下，等一下，再一起出发

全神贯注是很累的。课堂里学生经常会不自觉地开小差或走神，这是大脑自我保护功能的开启，是大脑需要休息的表现。美国一项研究表明，成人进行单调的工作时，注意力最多只能集中二十分钟时间，二十分钟后工作错误就会增多。教师总要求学生集中注意力，却忽视了高中课堂是高强度的知识传送，也忽视如何让学生集中注意力的问题。有一项研究表明，人做自己喜欢的事时，能集中注意力的时间大大延长。没有人能改变事实，但却可以改变方法。教师只有上出有趣味的课，同时运用心理学知识，合理安排时间，才能让学生尽可能地集中注意力。

学生开小差或走神的原因并不一样。有些学生一上课就会走神，是因为他已经对课堂产生了恐惧。逃避无法改变的恐惧，最好最直接的方法就是放弃。一个学生走进学校，在课堂上一头雾水，浑然不知道所以，又必须老老实实坐在那儿，这是何等的煎熬。他们开始时如坐针毡，最后麻木不仁，这要经过教师难以想象的无数次的心灵折磨。学生本来有许多次可以挽回的机会，却在教室里被一次一次错过。麻木是最大的痛苦，不管对学生自己还是家庭。教育的筛选功能过于强大，必然会造成这样的局面。斯宾塞说："心中滋生的恐惧比现实的情况更为麻烦。"这部分学生已经对课堂教学产生了恐惧，放弃对他来说犹如安全着落。没有学生不想改变，只是错过了一次又一次机会。

有些学生是选择性的开小差或走神。学生是按照喜爱教师的程度来学习的。对认同感强的教师，学生会如生物中的印随效应一样紧紧跟随。对于比较排斥的老师，排斥心理就如获得性免疫缺陷一样，攻击了学生所有的"学习细胞"。学生只留下"懒散细胞"，进入课堂休眠。这些问题的解决，需要教师的努力。教师有必要去"投其所好"，上好课，上出精彩的课，吸引学生的注意力，师生才更有精气神。学生的选择性"偏爱"，既可以是学习的动力，也可以是学习的强大阻力。这样的学习，完全取决于学生能否遇到自己心仪教师的运气。

大部分学生注意力不集中，是因为累了。集中注意力需要意志的。麦格尼格尔在《自控力》一书中说："只要你愿意，你就有意志。"这个"愿意"难度不小，且非常痛苦。教学不应该停留在理想层面上，教师应该严肃关注许多实际情况。课堂上不应该是"学生应该是怎么样的"，而必须是"教师如何让学生这样"。"应该"只是想象，事实是客观。摒弃客观，是对教育的误读。"你只要怎么做，就会有什么！"这样的话教师可以轻易说，但教师想过真实的结果吗？相信努力会有改变，但不一定会达到预期的结果。许多客观原因存在，会阻碍预期结果的出现。

人是有极限的。忽视极限的存在，意味着教师的冷漠。即使工厂也有容错率，完善的课堂是不存在的，完美的学生更不可能存在。让教室里活生生的个体成为一群完美的理想的学生，那是强人所难，甚至痴人说梦。教育要有理想，但不是被理想所束缚。教育更多要回归真实，竭尽所能地解决真实存在的问题，本身就是在走向理想的乐园。

课堂教学不怕慢，就怕散。教学有任务，没有完成任务是教学事故，但是教师应该选择针对学生学情的教学方法。当今教育过于把学业作为教学效能的评价依据，本身并没有错，错的是评价过程中忽视了人的问题。事实上，学业与其未来的人生成就并不完全是正相关关系。心理学研究表明，如果以学生的智商作为预测其学业成就的指标，其预测效度只能达到 0.5 左右；以学生的智商为指标，预测其未来的职业成就，其预测效度只能达到 0.2 左右。人本身的因素是未来成就的关键因素，包括态度、能力、习惯、意志等。这些因素的培养，却与课堂教学关系密切。学生许多有利因素的消磨，就是发生在课堂之中。放弃课堂教学，看似学习的问题，却是人成长的有利因素被弱化的问题，是关系到学生未来的问题。

"耐心是浇铸人生的金杯。"教师在课堂上要有充分的耐心，不能完全被教学任务绑架。学生没有听懂，教师还是固执地按照教学程序讲解下一个阶段的知识，换来的结果只是四十分钟时间的过去。教师把该讲的讲完了，而学生却一无所有，后来干脆懒得听了。师生没有共同语言，交流是难以持续的。同样，学生一头雾水，怎么可能聆听教师的讲解呢？学生开小差或走神，就是对教师忽视学生的回报。

教师应该按心理学规律，结合教学内容的特点，适当安排教学环节。一段时间后学生可能累了，注意力难以集中，那教师就"停一下"吧，询问学习掌握的情况，养成学生发言的习惯，说出自己的疑惑，教师再解释再讲透。这段时间内，对于以听为主的部分学生来说，是相对轻松的休息；对于以回答为主的部分学生来说，是对问题的再阐述，是积极的休息。教师必须做到讲就要讲透，讲就要讲明白。学生不明白和教师没有讲，没有本质的区别。"停一下"不是下课般的静止休息，它是动态的休息，既可以消除学生的疲劳，又能解释学生的疑惑。

"停一下"，也为了"等一下"。学生接受能力肯定存在差异，部分学生总会慢半拍接受教学内容。这就需要教师"等一下"，稍加点拨，学生就会明白。如果教师按照教学设计和教学任务，继续固执地上课，这部分学生就会越来越迷糊，从"能听懂"到"有点懂"，到"有些迷糊"，到"一窍不通"，最后可能会产生恐惧。如果课堂中教师能够"停一下"再"等一下"，尽管无法保证全部学生不掉队，却能照顾尽可能多的学生不掉队。

一堂课的疑惑没有得到解决，对学生来说就是一次失败的经历。人性是有弱点的，我们习惯记住失败，却往往忽视成功，因为失败是有记忆的。《人性的优点》一书中："我们记住过去的失败，忘掉了过去的成功，从而摧毁了我们的自信。"自信的丢失，就是厌恶学习的开始。"停一下"后再"等一下"，不仅让大脑得到休息，也会让掉队的学生赶上，然后整装一起出发。"停一下"后再"等一下"不仅是出发，更是对自信的保护，是为了学生更自信地开始下一次忙碌！

# 有惊喜的课堂是对学生最大的尊重

真正的教育，应该敬畏"教育"本身，而不是"学生"。敬畏学生的教育，是被无形力量束缚的教育，这样的教育是可悲的。学生当然应该得到尊重，但绝不是敬畏。赵宁宁教师说："教师们在学生面前越来越谨小慎微，唯恐在批评、管理、惩戒、学业负担等方面冒犯了学生，背上'不尊重学生需要'的恶名。"其很大的原因，就是社会赋予了教育过多繁杂的任务，还有不懂教育的媒体的"口无遮拦"。教师应该简化师生关系，让师生关系的维系主要在课堂上，而不是"天罗地网"中。

教育在课堂中生成。课外的时间应该还给学生，学生不仅是学校的人，更是家庭的人，社会的人。教师尊重学生，应该以课堂教育为中心。一位教师只有教好书，才是对学生最大的尊重。因此，课堂不仅仅是教师的知识传授，更是教育发生的桥梁。对学生一生影响最大的教育，不应该是课堂外发生的故事，而应该发生在课堂内，在教师精心准备和灵感如涌泉流淌的课堂之中。

怎么样的教师才是最受欢迎的教师？与生为友？这总显得有点肤浅。严师？这总觉得让人压抑。阅读魏勇老师《怎么上课，学生才喜欢》中"我们一直提倡要尊重学生，我理解，最大的尊重并不只是在日常生活中和学生交朋友，关心他的生活，而是在课堂上给他惊喜"，才一言点醒梦中人。这是我平时一直思考的问题，只是一直没有找到一个合适的表达。

"给学生惊喜"，是"受学生欢迎的好教师"的准确概括。这个"惊喜"不是简单的"惊"与"喜",而是有机的交融。我们可以把这个"惊喜"理解为教师用特殊的阐述点醒学生的迷惑后,给学生带来巨大的喜悦。它让学生如释重负,给予学生顿悟,让学生在认知迷惑后突然释怀,让学生在人生迷途中获得被教师点醒的清醒。

"给学生惊喜",就是教师时时不忘学生是课堂中"学"的主体,教师是"教"的主体,"教"必须以"学"为始点和终点,且以"学"为中心展开。帕尔默在《教学勇气》一书中说:"在以主体为中心的课堂中,学生不会被忽略。这样的课堂尊重学生最重要的需要之一,学生被引进一个比他们的经验和自我世界更大的世界,那是一个能拓展他们个人界限,并扩大他们的共同体归属感的世界。""拓展"可能是负重前行,也可以轻装上阵。而有惊喜的课堂,就是让学生能轻装上阵。这需要教师精良的教学艺术。

教师把复杂的知识简单化,通过一个简单的类比,让学生感到豁然开朗,犹如醍醐灌顶般舒畅,这就是惊喜。时时给学生惊喜的教师,会润滑师生之间互开心灵的大门。一个上不好课的教师,教育和教学必然受到学生的排斥。这是有些教师经常受到学生抵触的原因之一。"教优为师,身正为范",优秀的教师既需要身正,也需要教优,两者缺一不可。任何方面的缺失,都会受到学生的免疫排斥。

教师习惯用多媒体作为课堂教学的主要载体。多媒体的直观是显而易见的,但它并非课堂教学的必需品。它是味精和调味品,加了它可能更鲜,也可能失去了原来的韵味。优秀教师应该有丰富的肢体语言,能随手以周围的器具作为教辅,生动地释放出一个个类比,给予学生一个个惊喜,把复杂的知识简化,让学生触类旁通。如高中函数定义学生很难理解。如果把"对应法则 f"视为一台机器,把"x"视为要加工的原材料,把"f(x)"视在加工完成后的产品,那么把原材料放入机器进行加工，"对应法则"无非就是这台机器加工后出来产品，学生是否更容易理解 y=f(x) 的实质？而 x 组成的集合就形成了定义域，y 组成的集合就是值域。相应地，也能够解释 f(f(x))、g(g(x)) 等复合函数定义。学生在听讲这些纯抽象概念一头雾水时，教师的一个类比让学生醍醐灌顶，这难道不是一种惊喜吗？

尊重学生不应该只是一种口号，也不应该是过于生硬的举止。让学生课堂上有收获，就是教师对学生最大的尊重。教师要"投其所好"。成人心中的垃圾食品，为什么成为孩子的最爱？就是一种"投其所好"。课堂上，教师为什么就不能呢？教师以好的办法吸引学生，以巧妙的类比妙笔生花，这种精彩的课堂，就是对学生最大的尊重。无趣的课堂中，学生就会无精打采。教师上得眉飞色舞，学生听得眉开眼笑，这何尝不是一种"眉目传情"呢？教师必须把自己的"情"尽可能地创造性地克隆给学生。

上好课，就是做好教师，师生双方也会有最大的收获。尊重，从来不会是单维度的。教师在课堂上给予学生惊喜，学生就会回报教师最大的尊重。课堂的无效，是对学生最大伤害，教师也必然会失去学生的尊重。教师用违背有效教学的手段，不择手段占据学生时间去提高分数，这是对学生最大的不尊重，是对教育本真的扭曲。课堂教学有效性是检验课堂的唯一标准。李镇西老师说："任何时候，我们都不应该以学生尊严的伤害作为代价，去换取所谓的'教育效果'！教育，绝不能为了目的而不择手段！尊重学生，并不能代替教育本身——这只是教育的前提；但剥夺了学生的尊严，就剥夺了教育的全部！教育，一刻也不能没有人情、人道和人性！"

课堂是教师的主阵地，课堂以外是学生的主阵地，必须还给学生，由学生自由支配。第一堂课中，我对每一届学生的开白就是："上课我们亲如一家，下课老死不相往来。"当然，这是一句玩笑话，我真正要表达的意思就是：我尽我所能上好课，让学生能在相对轻松愉悦的环境中尽可能掌握知识，提高能力。我的承诺是：绝不占据学生课外时间，剥夺学生自由支配的时间。

北京教育科学研究院基础教育科学研究所退休教师王晓春说："我们尊重学生，尽量理解他们（完全理解是不可能的，而且理解得过分，也是一种侵犯），努力爱他们，这就够了。至于他们把我们看成是恩师，还是知心朋友，还是普通朋友，还是熟人，甚至是路人，那都是他们自己的事，应该让孩子自己去选择。"对学生真正的爱，就是给他们一节又一节有惊喜的课堂，这是一种多么深厚的尊重！

# 有一种懂叫"老师认为你懂"

一位学生来问一个函数问题，我讲了几遍，他依然一脸茫然。我非常好奇地问："那你哪里不懂呢？"这位学生有点忐忑地问："原函数是什么？"这是一个常识性问题，我一直认为是一个不需要解释的概念，在平时教学中就没有强调过，也没有特别说明过，却真实地发生在学生身上了。当时我想"怎么连这个也不知道？"这是三角函数"诱导公式"时出现的问题，学生在诱导公式变形的时候经常把正负符号搞错。原因是学生根据"奇变偶不变，符号看象限"的法则来进行处理时，对"原函数"概念不清，从而导致错误。后来，我在班级中进行了调查，还真有部分同学不知道。这大大出乎我的意料，真的是老师认为学生懂，其实学生不懂，师生之间产生了认知偏差。

因此，课堂教学要有底线，就是依据学情和学生对客观世界的真实认识。脱离底线的教学，会降低课堂教学的有效性。方华老师倡导底线教育，指出"底线教育观，就是不丢下任何一个孩子，并为每个孩子提供最为必要与基础的帮助"。这个"帮助"，许多时候却是缺失的。事实上，许多教师的课堂教学是以"你应该知道"为基点的，导致"教"与"学"严重脱节。"你应该知道"其实是教师认为你应该知道，学生其实压根儿不知道，是"有一种懂叫老师认为你懂"。

我们不得不接受这样一个事实：当今，许多学生是思想的巨人，生活经验的侏儒。这并不是讽刺学生，而是对学生生活状态的一个客观判断，它源于学生生活中玩的缺失。我们那个时代，在玩中学，田野中狂奔，河水中抓鱼，山上采野果。那时的我们，没有多少想法，却有着太多因为食物匮乏而产生的对大自然的探索欲望。这种探索，就是为了满足我们饥饿的肠胃。或许，饥饿真是最大的动力。我们作为教师，脑海中有着我们那个时代的深刻烙印，我们随手拈来的名词想当然地嫁接到学生身上，忘记了现在的学生已经不在我们曾经经历过的时代，从而造成了课堂教学中一些概念的脱节。

课堂教学中，太多教师的"你应该知道"，是一个非常容易犯的错，几乎每堂课都在发生，可是教师熟视无睹了，或许根本没有感觉它的存在，或者没有意识到它的严重性，最多换来一句："现在学生真是一届不如一届，连这个问题都不知道！"最后与同事谈起，然后一起感叹，却没有去反思这究竟是为什么？

教师总自恋地认为，学生就是干海绵，想吸进多少知识，就吸多少知识。可是，学生从来不是干海绵。教师在课堂上要特别注意学生的眼神，眼睛是心灵的窗户，它能反映学生学习的状态。看到学生一脸茫然时，教师不妨能停下来问问学生的学习情况，会有意外的收获。因为"有一种懂叫'老师认为你懂'"绑架了教师的教学思维，可是学生因为缺少相关的生活经验，根本就不懂。我们能想象学生不认识一个英语单词，英语老师用这个单词来解释另一个单词时，学生的满脸迷惑吗？同样地，学生不知道花粉韭黄是什么，生物老师却自认为非常生动地贴近生活在讲解。这让学生产生一大堆，教师能讲透吗？

代沟是客观存在的。生活在不同年代的人，有着完全不同的行为习惯和认识。教育习惯以"思想"去评价代沟，却忽视"认识"也存在代沟。认识代沟是课堂教学无效性的原因之一。两个时代的人，怎么能用各自时代的认知进行教学呢？教学相长要源于共性，要有共鸣的事物。教师在课堂上进行类比，应该多采用学生时代关心的事物。如果用教师时代的事物，就必须要先解释清楚，不能想当然认为"你应该知道"。当然，走进学生的世界很有难度。但要掌握学生的现实情况，教师就必须走进学生的世界。这个世界是生活世界，并不是心灵世界。现在的学生是敏感的，绝不允许心灵世界有人随意闯入。

"有一种懂叫'老师认为你懂'"正在绑架课堂，一边是学生埋怨，一边是教师无奈。课堂教学不能想当然，"懂"还是"不懂"必须从学生的学习情况来认定。教师的任务是依据学生的学情，精心设计课堂，尽自己所能，让学生完成学习任务，掌握学习内容，而不是越位来裁定。课堂教学需要定位，师生各自有各自的身份。地位是平等的，身份却是不同的。教师可以换位思考，但不能换位去裁定学生"懂"还是"不懂"，否则就会彻底输了课堂教学。

# 尊重"我认为"

教育生态中的航标灯，能够为师生指明方向，让师生在前进路上畅通无阻。教育如果设置太多的红绿灯，就会隔离师生许多有价值的思考。教育不仅是传业，更是授道，道法自然，让学生在合乎"自然"中率性成长。喷泉因为有压力才显得美丽，瀑布因为没有退路才显得壮观，顽石因为其坚硬而可任岁月雕琢，教育因为其思想的开放而显得多姿多彩。

江苏省特级教师吴非在《不跪着教书》一书中说："现今课堂上最缺少的通用语是'我认为'——教师没有经过思考的'我认为'，学生就更不敢说，久之也自然不会说出这个'我认为'，因而学校只能教出一群精神侏儒，只能培养驯服的思想奴隶。"许多人认为知识是严谨的，不能用"我认为"来阐述。其实，至今知识还没有一个明确的概念。它不仅包括了人类认识自然和社会的成果，还有辨别事物的能力和观点，它属于文化；而文化是知识的升华，升华就是百家争鸣的过程，百家争鸣就意味着人对事物的感性知觉或表象，就会有主观的联系，就会有自己的思想，就会有"我认为"着床的意义。

传授知识，这是教师的基本职责，江苏省语文特级教师管建刚在《不做教书匠》一书中说："做一名有方向感的教师!"方向感，是一个大的方向。它是一个向量，有方向却可以无限放大，但不会变形。教师应该在航标灯的指引下，一个坚持就是方向感不偏航，另一个坚持就是表达"我认为"。因为，任何如法炮制的教学都是苍白的复制。复制不是脑的工作，而是机械的任务。

教育离不开"我认为",尊重"我认为"本身就是一种教学理念。可在实践中,"我认为"往往缺席。正因为它的缺席,教育总显得疲软。教师不可能戎马生涯般淋漓痛快,却需要以丰盈的思想去照耀学生。人生如朝露,短促且微小,却是自然的精华。教师的思想更应该如此。精华并不是生拉硬扯,它是在自我的基底中酿造,正如裴斯泰洛齐所说:"人对真理的认知,来自他关于自身的认知。"缺席了"我认为"的酝酿,怎能生成佳酿!

课堂教学中学生有太多的"闲言碎语",教师往往不屑一顾。正因为教师的不屑,学生之间、师生之间一次次火花的碰撞因此错过。没有一次科学大成,不是缓慢的结晶。玛瑙的成分是二氧化硅,就是沙子。可是岁月日积月累的结晶,却成就了它别样的风采。

学生在课堂产生疑惑,表达了"我认为",但没有多少教师有耐心去倾听。虽然,太多时候学生的疑惑只是"鱼羊的故事",在心中建构了一个误解。但问题的关键不是学生的对错,而是对"我认为"的尊重,是一种教学理念。教师在粗暴打断学生"我认为"的时候,是否思考过它可能在酝酿真知灼见?不尊重"我认为",让成长的幼苗来不及展枝,就已经凋落。

教师尊重学生的"肤受之言",就是拥有尊重"我认为"的胸怀。这样,既能欣赏花儿开放,又能嗅到花儿的香韵,教师何乐而不为呢?但每一位教师不见得都拥有尊重"我认为"的胸怀。用"对""错"去衡量教育,是对教育的一种习惯性误解。不管是书本知识,还是人生见解,教师都应该让学生大胆地阐述"我认为",包容它,才能见到花开花落。教师习惯欣赏花儿争艳,却不习惯品味花儿凋谢。可是,凋谢才是新生命孕育的开始。

学生的"我认为",就是教师最好的学情分析。学情分析是课堂教学的重要内容，需要教师切实了解学生心目中的"我认为"。一旦学生患上失语症，教师就无法获得"我认为"的学情。知己知彼，方能百战百胜。课堂上停下几分钟，询问一下学生的掌握情况，鼓励学生养成表达"我认为"的习惯。课堂上学生表达自己的认为和疑问，并不是搅局，而是课堂贴近学生实际、向问题纵深发展的可能。学生大胆表达"我认为"，更能让课堂教学更为顺畅，课堂教学的"熵值"才会被有序化所消融。

让学生学会并习惯表达"我认为"，教师不仅要包容它，更要自己表达"我认为"。权威的力量是巨大的，教师要相信自己就是学生心目中的权威。榜样是最有力的言语，教师只有在课堂上经常表达"我认为"，而不仅仅是"某某人说是如此如此"，才能让学生更坚信，教师所倡导的"我认为"就是宗教般的信仰。最可怕的教育是"人格分离"，教师一边提倡什么，一边却背道而驰。

教师习惯用镜子照着学生，总是忘记照照自己。虽然"要求学生做到的事，教师必须要做到"不无荒谬之处，但是不能否认教育中"表观遗传现象"的存在。"表观遗传现象"认为，父母的生活经历可以通过遗传物质之外的方式遗传给后代。教师的言传身教亦是如此。潜移默化是教育的动力，它的标杆就是教师对学生的引领。环境对学生的影响是巨大的，而教师是学生非常重要的环境因素。

教师在课堂上要大胆地表达"我认为"。人的行为需要规矩制约，但人的思想不能束缚。教师不能放弃"道"，教师的思想不能烙在人云亦云的基因之中。教师大胆地向学生表达"我认为"也是一种传道。教师要不做教书匠，就应该从"我认为"开始。"我认为"不仅传授了一种看法，更是滋润、鼓励学生的思考习惯。

尊重"我认为"，它会让花儿开得畅快，不要过多在乎花儿的味道！

尊重"我认为"，要相信它会遗传，遗传的力量就是榜样的力量！

尊重"我认为"，教育才会有真正的思想。漫山遍野的映山红或许有点乱，却是格外的壮观。一棵是单调，一山却是美景！

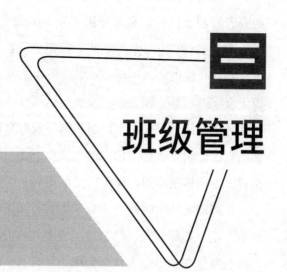

三

班级管理

# "迎懒而解"座位问题

每次接手新班级，安排学生座位，总是让班主任非常头痛。座位的安置权和置换权，是部分班主任手中的法杖，也是处理"不安分"学生常用的伎俩。"你再如此，就把你的位置换下去！"这是部分班主任的威吓性语言。不得不承认，师生之间的许多矛盾冲突，并不是源于真实的场景，而是语言冲突与话语权体现的不对称性地位，它足以让师生之间不得安宁。许多教师还没有真正领会"祸从口出"这句话的真谛。学生听到"把你的位置换下去"，心中产生的是一种厌恶。位置，不应该成为迫使学生听话的筹码。

在当班主任的时候，我与学生既有冲突，也有感动，最终都会与学生产生"亦师亦友"的感情。许多老师羡慕我：在如此紧张的学习氛围和师生关系中，为什么会跟学生有这么好的关系？其实，我并没有什么高招，最为关键的一点就是：懒。"无为而治"一直是我追求的境界。"无为而治"就体现在"懒"字上。因为"懒"，许多事情自然都是学生自己做，学生自己去解决。有时学生来问询，我会故作生气地说："这不是我的事，这是你的事！""懒"必须得"放"，"放"就是解开束缚。事实上，"懒"有一个非常重要的前提，就是对学生要有足够的信任。学生肯定会出现这样那样的问题，但问题并不可怕，可怕的是不信任学生。

班主任如何来安置位置，是开学初头痛的问题，再加上许多关系因素的作用，真是费尽心思。考虑人情因素，必须要把这部分同学的位置安置在中间；考虑成绩因素，又必须把成绩优秀的学生安置在中间，考虑偏科同学的搭配问题，又必须把这部分同学与成绩优秀的同学坐在一起；考虑活动分子的管理问题，又必须与班干部坐在一起。考虑来考虑去，结果就是一个字：烦。在众多因素中，班主任往往会更注重成绩因素。这样形成的座位设置，必然是群聚型的，成绩优秀的学生坐在一起，占据了教室中最好的位置；而成绩不太理想的同学，坐在了教室的后面。这也是为什么后排学生，总会形成班主任头痛的"马其诺防线"的原因吧！与其说"马其诺防线"是自然形成的，不如说是班主任精心安排的结果。

位置问题，多年前让我非常头痛，却让一个"懒"字，迎刃而解了。因为"懒"，我把座位的安置权还给了学生。学生在规定时间集中时，自然会按照一定的关系坐在一起。经过几年的一起学习，学生之间虽然经过几次分班，但是已经比较熟悉，不像我这个班主任对他们是一无所知。关系比较好的同学自然会坐在一起，个子比较高的学生，会自觉地且成习惯性地坐在相对靠后的位置。这种随机性的组合，具有一定的"原生态"性质。虽然没有刻意的安排，但事实上同学之间已经作出无声的选择，有点类似于生物学中的"自然选择"。选择坐在一起的，必然是能够相处的同学。

开学的座位安置就这样形成了。"原生态"也会有冲突和矛盾，但是矛盾比非"原生态"，更容易化解。经过一段时间的相处，少许同桌之间会出现这样那样的矛盾，有些矛盾是需要通过换位置解决的。这个矛盾的解决者应该谁来扮演呢？班会课上，我会强调，我这个班主任没有座位的安置权和置换权，这个权力是学生自己的。如果有必要换位置，学生只要做好两件事情：一是向班主任说明需要换座位的理由，这个理由足够成立，座位的置换前提条件就成立了。但是这个置换的任务需要学生自己去完成，自己去寻找一个愿意与你对换的同学。能否找到，靠的是自己，而不是我这个班主任。二是向我备案，已经和哪一位学生商量好了，备案之后，就可以换位置。

同事的拜托，领导的嘱咐，朋友的交代，家长的恳求，让学生的座位成为许多班主任的烦心事。座位一旦定局，如果需要置换，班主任必然有所顾虑。自从我恋上"懒"后，一切也都化解了。因为座位的安置是随机的，座位的置换权是学生的，我没有这个权力。每当遇到涉及座位的各种招呼，我都会以此为理由来推托。座位问题就这样"迎懒而解"。

把座位的安置权与置换权还给学生。这虽是小小的尝试，却是师生关系改善的开始。教育改革并不是高高在上的纲领，而是需要落到实处，落到小处的行动。"以小见大"才是真正的教育的回归！

# 班主任工作中的自我界限意识

有人把班主任工作比作"保姆"，其实很不贴切。保姆不可能面面俱到，只能做"保姆"应该做的事，不能越位。"高瞻远瞩"不是越位的理由，每一种工作都应该有自己的界限。没有"自我界限意识"的班主任，往往会遇到许多事与愿违的事。"自我界限意识"，指人们意识到自己和其他事物或人之间，存在一定的界限；并且，自己与其他人或物都是相对独立存在的不同个体。班主任和学生是两个相对独立的个体，班主任工作要有自我界限意识，否则就会误闯界线，造成不良后果。

有"自我界限意识"的班主任，知道什么是班主任应该做的事，什么是学生应该做的事，什么是学校应该做的事。教育工作不可做到壁垒分明，但至少要做到有些事不能越雷池一步。记得第一年当高三班主任的时候，抱着一颗"对学生如初恋"的心，可以说我处处为学生考虑，甚至为学生做了没有原则的事。可有一次，却因此受了其实一点也不冤的冤气。

一次和班上一位女生交流时，她无意中提起，她同桌的日记描述了大量因为父母生了二胎而受到冷落的感受，甚至有些对她妹妹和父母的狠心话。在学校里，这位女生并没有什么特别的表现，只是有点寡言。有一次，遇到她的父母，我谈起了这件事，她父母非常惊奇，没有感觉到大女儿有什么与以前不一样的地方，不相信女儿有这么大的情绪变化。放假回到学校，这位女生气冲冲地来到我办公室，责骂道：你凭什么管我家的事，你算什么人？我呆若木鸡，不明白这位女生为什么如此冲动。听到她气呼呼说明理由后，我才恍然大悟。

知道别人的隐私而传给相关的人，这是非常不尊重人的行为。没有人愿意别人知道自己心里在想什么。日记是小女孩的情感世界，是只允许她一个人漫游的隐蔽地方。我却不经意间闯入了，触动了她敏感的神经。更严重的是，我做了一件不应该属于班主任做的事，把日记内容告诉了她的父母，这无疑是把女生的秘密暴露给她的父母。父母与子女之间也是有界限的、有秘密的。这次受了其实一点也不冤的冤气，与自己当时年轻缺少经验有关。这件事即使要交流，也应该与女学生交流，而不是越位。这个事件，对我敲响了警钟。做班主任，当教师，当校长，都应该有自我界限意识，别误闯，更别乱闯。没有一个人愿意打开心扉，让别人随意闯入。

班主任工作中建立"自我界限意识"，是摆正教师位置的需要。班主任的工作是传达学校精神和管理班级日常事务，不能做缘木求鱼的事。家长的事，家长做。学生的事，学生做。班主任的事，班主任做。否则好心可能会办坏事。因为好心未尽有好的结果，坏结果是每个人都不愿意接受的。因为日记事件的次教训，在后来的班主任工作时，我时刻铭记"自我界限"。有一次，班上一个女学生生了小病。我打电话给家长，打了许久才打通，说了女学生的情况，希望他能送孩子去医院看病。谁知家长竟然说：他刚打完麻将，才睡下，让我送去医院。我立刻拒绝，说我还有课务，不能丢下其他学生不管。这位家长因为搓麻将要补觉，叫我不用上课，不用管其他几十位学生，送他女儿去医院，我当然拒绝了。他竟然抱怨我不负责。对孩子真正要负责的，其实是家长。孩子，对家长来说是终身的责任，对老师来说只是某一阶段接受教育的学生。家长，才是孩子的第一责任人。

　　班主任工作中建立"自我界限意识"，是教师自我保护的需要。现在，有些媒体放大个别教师的负面新闻，对教师群体口不留德；社会对教师的期望，也越来越高。教师群体本身是弱势的，是一群从未走入社会的成年人。教师从学校到学校，除了身份从"学生"改为"教师"外，许多社会环境和个人性格没有改变。从一个孩子突然成为一个孩子王，一些教师从来没有真正脱离孩子"改变世界""拯救别人"的稚气。如果没有"自我界限意识"，教师就会少了一层自我保护，教师没有铜墙铁壁，不是铁打金刚。做自己该的事，不越界限，就是一种合理的自我保护。这不是逃避责任，而是任何职业都必须具有的界限意识。

　　班主任工作中建立"自我界限意识"，是师生保持距离感的需要。人与人之间需要距离。距离产生神秘，尊重，责任。每个人都需要私人空间。师生之间的良好关系当然是亦师亦友，但许多时候，过于亲密的关系，反而造成了班主任工作的被动。学生对教师的敬畏之心，需要适合的距离。距离太远会拒绝交流，太近会失去威严。这也是许多班主任与学生关系太融洽，并不能管理好班级的原因。班主任的"自我界限意识"，要给学生忽近忽远的感觉。班主任似乎永远站在学生心灵的门口却又没有踏入。这种若即若离的感觉，正是教育学生的最佳距离。一位每天拿着扫帚与学生一起打扫卫生的班主任，是一位勤奋的班主任，但并不是一位智慧的班主任：亲近感有了，距离感却没了。

　　"自我界限意识"不是一种消极的工作态度，而是积极的工作状态。它引导教师摆正自己的位置，不越界限，起到自我保护的作用，与学生保持一定的距离。同时，教师也是以自己的言行教育学生：对人，对事，必须有界限有底线。没有明确的界限和底线，是很多学生无论学习、生活都存在的普遍现象。

# 不要太迷恋学生"欣赏的眼光"

任何职业本身，不仅是谋生的手段，更是实现自我价值的依靠。船只的真实目的，并不是浮在水面，而是不断地向前航行。虽然船只前进过程中，需要漂浮着。不管"教师"的光环如何闪耀，也需要引火点燃，需要某种来自外界的默契才能激起教师内心燃烧的欲望。所以，没有教师会不在意被人"欣赏"。

习惯对事情的评价，总纠缠在"对"与"错"的思维中。其实，许多事情的重心并不是在"对"与"错"上，而是程度上的掌握。一个人适度在意他人的评价，那么评价就是一种动力源泉。如果过度在意甚至迷恋他人的评价，那么评价就会改变人原来的面貌，成为沉重的精神负担，让人的心灵纠结、折磨人。教师，谁不在乎被学生的"眼光"？欣赏本质上是一种合乎心灵需求的评价。当教育不时地强调欣赏学生的时候，却忽视了另一种欣赏，就是教师也同样渴望着学生"欣赏的眼光"，有点软弱的教育良知甚至会被"欣赏"左右，教师有时会因此而"投其所好"。教师可能不愿意承认自己也曾或正在"讨好"学生，虽然它非常忌讳，可它真实存在着，并且也具有一定的正能量作用。

有人说：一个企业家太在乎工人的"眼光"，他就不是一个强有力的管理者。这句话同样适合于教师。因为渴望被学生欣赏的"眼光"，教师就会束缚自己的判断，会让自己放不开手脚，会有太多顾忌。如果教师首先想到的，是班长会不会传达自己的教育思想，班干部怎么想，学生怎么想，那么许多事情就无法布置下去，许多事情就会动摇。任何新措施的实施都带有一定的负面影响，因为人性的弱点中就有保守的一面，对新事物本能性地排斥，即使新事物有相当的合理与拥有前景。"目光短浅"是人的惰性，惰性囚禁着人的悟性。要唤醒悟性，就必须要刺痛惰性。而"趋利避凶"的本能，却会不辨是非地稳固眼前的利益。

不可否认，一定意义上，教师是教育的管理者。但没有人愿意主动接受管理，即使是学生。向往自由，是来自思想深处的渴望。人的成长就处于"制约"与"自由"之间，不断地彷徨与争取的过程。教师总让天生好动的学生一天到晚坐在无趣的教室中，固定在某个座位上。仅仅这一点，就足够让孩子们反感，虽然学生的反感表现得那样无力。教师一方面要通过所谓的合法的教育资格与权力，控制学生的成长轨迹；另一方面为了自我实现的需要，会尽可能地"讨好"学生，以换取"被欣赏"，这本身就是矛盾体。可这个矛盾体确实真实存在，且左右着教育的氛围。教师如果过度沉迷于被学生欣赏之中，真正的教育功能会不断弱化，谁也不能否认，教育永远带有强制性的一面。"接受教育"不仅是权利更是义务。在义务面前，强制性永远是合法的居民，且不可动摇。

自由教育者郑杰老师说："依赖于别人评价的人，一旦别人评价太高容易受骗上当，不再进步了；一旦评价太低，又会灰心丧气心存怨恨。永远没有真正恰如其分的评价的，因为别人对你的评价是相对的。"太在乎甚至迷恋别人的"欣赏眼光"，肯定会失去自我的判断，失去个性的风采。能分辨"是非"，但并不按照"是非"行事，是人性的弱点。很多人都知道"对错"，但并不一定能意识到"对错"的后果。成人都不一定按照"是非""对错"原则来行事，何况学生呢！学生知道教师的教育总是为自己好，但这种理性判断与放纵的自由相抵触时，必然会产生逆反情绪，就不会理性评价教师，因为任何强制性都会产生一定的反抗。欣赏的本质就，是"投其所好"，并不是理性的反应。教师，真的不必太在意学生的"欣赏眼光"。教育具有延迟性，真正的认可教师和他的教育，应该是学生拥有成人的视角，能够作出真正合理的评价时。走教育应该走的路，做自己的主人，才是昂着头自信地走路的人，是每一天都活在真实世界里的心地纯真的人。渴望被欣赏，就是低着头、怕摔跤的人。教师应该明白，欣赏永远带着偏见。虽然人都具有一定的偏见视角，但不能沉迷于被欣赏。因为，教育公正、大度、豁达的氛围，才能真正让孩子们沉迷，而不是"投其所好"。教育是一种正能量的吸引，而不是诱惑！

# 对"不懂问老师"的反思

学生从进入校园的第一天起，父母就会不断地叮嘱："不懂问老师！"教师也会这样要求学生。这似乎是一个毫无疑问的命题，多少年来一直挂在家长和教师的嘴边。家长用这句话，意味着把孩子成长的责任交给了老师。教师用这句话，意味着有能力滋养孩子的成长。时过境迁，"不懂问老师"的内涵自然也发生着变化。"不懂问老师"原来主要指的是知识方面，如今它在家长的期待中，主要是生活和思想方面。"不懂问老师"如果发生在低龄学生身上，这是教育的开始。如果出现在高中学生身上，就很可能是"作茧自缚"的过程，高中生会一直束缚在教育的小屋里，失去真正的自由。

有一次高三学生报到时，一位家长在我面前再三叮嘱自己的孩子："不懂问老师！"学生不断地点头。家长叮嘱孩子"不懂问老师"，自然是对教师的信任。但是，越不懂教育的家长，对教师的期望就越高，对学生的伤害也就越大。在一件小事上，足以看出这位学生生活能力的欠缺和对大人的依赖。他刚从外校转入，需要办一张饭卡，就来到我办公室，问我如何办饭卡。我告诉他，这个问题可以请同学帮助解决，他却回答："没有认识的同学。"我说："你可以请教同桌。"，他的回答让我感到非常意外："我妈妈说的，不懂问老师呀！"一位高三学生，居然办不好一张饭卡。我并不认同"一屋不扫，何以扫天下""教育无小事"这样的观点，但是办不成一张饭卡是小事吗？成长，就意味着生活的自立和思维的独立。这不得不引发我"以小见大"

的思考，"不懂问老师"有着许多伤害，它的背后就是一种失去自信，是行为和思维惰性的表现。

"不懂问老师"源于对学生对知识疑惑、教师的释疑。教师有责任对学生知识的疑惑作出合理的引导，但"问"并不意味着教师告诉学生答案。教师更多应该是一种释疑，而不仅是告知结果。可是，许多学生的"问"是为答案而来，而不是为方法而来。"不懂问老师"应该是学生解题的最后一个依靠，而不是首先想到的依赖。"获取知识——这就意味着发现真理、解答疑问。你要尽量使你的学生看到、感觉到、触摸到他们不懂的东西，使他们出现疑问。如果你能做到这一点，事情就成功了一半。"但学生害怕去接触不懂的东西，习惯把疑问扔给老师。其实，学生应该先自己认真思考；找寻不到解决的方法和思路，再与同学交流。同学之间的交流就是思维的碰撞，养成与同学交流的习惯，远胜于"不懂问老师"。这它不仅能够获得解题的方法，更能养成与人交流沟通的习惯。这不是依赖，而是宝贵的人际能力。可是许多学生一开始就缺少与人沟通的勇气和自信，逃避真正意义上的交流，学习效果就显著下降。

"不懂问老师"从质疑和释疑，开始渗透到生活中。许多时候，生活中不存在"懂"与"不懂"，而是能否面对的问题。许多良好生活习惯的养成，是需要反复实践的，而不是仅仅思索答案的。从教近二十年，我一直不太认同教师的工作"鞠躬尽瘁"和凡事"身先士卒"，而是把许多事情还给学生自己去做。这其实是教育本真。教师之所以累，去"抢夺"本来应该学生自己解决的事，是非常重要的原因。教师习惯包揽学生该做之事，学生自然会对教师越来越依赖。如果教师一直放手，让学生去做该做之事，学生离教师会越来越远，但离教育的本真会越来越近。教育并不是让学生越来越走近教师，相反，是为了能让学生越来越不需要教师。学生迟早要走出校园，迟早要离开教师。如果学生想成为一只雄鹰展翅飞翔，要做的第一件事，就是不能对学校、教师、家长有过多的迷恋。这种迷恋表面上是报恩，实际上却是一种缺乏勇气的表现。生活是学生自己的，许多生活问题自然需要学生自己去解决，教师至多只能是一个引导者，而不能事无巨细地插手。

既然教育的目的是为了孩子成长，教育就应该把思考还给学生，把生活还给学生，把权威还给学生，而不是包揽。因为包揽的深层次目的就是为了能控制学生，而不是把自由的天地还给学生。

# 警惕"疑人偷斧"的陷阱

《吕氏春秋》的故事：有人丢了把斧子，疑是邻家儿子偷的，就暗暗注意那家儿子。他发现那家儿子，无论是走路姿势，日常神色，还是说话口气，总之，一举一动都像个贼。过了几天，这人找着斧子了，再看邻家儿子，一举一动就又不像贼了。

一个学生在教师心中是什么模样，就会越看越是如此，这是一种心理定式。"心中的模样"往往不是一个人在教师心里的真实投射，而是教师的臆想在作祟。丢斧人，作为一个旁观者观察邻家儿子。如果一位教师带着偏见去教育学生，会是怎么样的结果呢？可以毫不夸张地说：学生的"坏"，家长与教师功不可没。这个功不可没，有家长与教师的负面榜样，因为叛逆和消极适应，会让学生沿着教师与家长臆想的形象，不断自我暗示，终究潜移默化地成了家长和教师臆想的坏形象。有时是教师把学生想得太坏，学生也就变坏了。

克里希那穆提说："过去的一切无法搁置不管，你只能客观地观察它，而不是被它占据。这样，你的心就能无所拣择、自由自在地进行观察。"观察总会不自觉地染上陈旧的意识。这个意识中，教师已经对学生定位，按照臆想的定位观察学生。所以，许多观察并不是真实的，而是片面甚至带有偏见的。教师却堂而皇之说，这是观察的结果。其实，这是观察与意识合谋的结果，通常对学生不利。观察的心灵如果被过去的记忆所占据，教师就不可能接受学生的一些合理的变化，不可能看见学生崭新的、萌芽的真实蜕变的实相。成人容易被自己的观察所欺骗，因为成人的观察也脱离不了原来意识的干扰。这或许就是探究性实验需要设立空白对照的原因。教师需要一个抛开任何偏见的用对照佐证的实验结果。

怀疑是莫须有的罪名，是没有证据的推理，它的出现是因为教师意识中已经认定某种事实，只是找不到实证。"怀疑"在教育中是对学生致命的伤害。教师有时不可能做到毫不怀疑，只注重实证，可是"怀疑"确实会伤害学生。一次班上丢失了东西，大家都怀疑是某个学生作为，班干部甚至私下报告说，平时发现这位学生有许多不良表现。我一度也觉得，怎么看都是这个学生偷的，很像《吕氏春秋》观察邻居家儿子的丢斧人。出于教师本能，我在班会上提醒学生，不准怀疑班上所有的学生，还讲了一大堆道理。过了一段时间，案件告破，是外校学生来学校偷东西，他在其他学校作案时被抓，交代了实情。我没有在班级说任何不利这位被怀疑学生的话，可是我的思想告诉我，其实我内心也是怀疑他的。只是，教师的职业素养告诉我，我是老师，要站得比学生高，要更明辨事理。当时我也有点后怕，幸亏还有的那么点"虚伪"帮了自己的忙，没有让我以过分的言辞或行为去干扰这位学生。

事情已经过去好几年。如果不是看到"疑人偷斧"的故事，恐怕我不会想起这件事情。教师最害怕的，就是一个学生因为教师的一点意外，而偏离了人生的正常轨道。教师经常无意间，伤害了一个学生。学生只是个体，背后却是一个家庭的全部希望。伤害了一个学生，就是伤害了一个家庭。教育是非常易破的瓷器活，学生不是普通的瓷器，每一件都是珍品，都是独一无二的。教师的手稍稍一抖，瓷器就可能摔破，那些裂缝永远无法弥补。

教师都是平常的人，内心不可能不被一些妄念所占据。但教师应该认清妄念的存在，尽可能减少它对教育工作的干扰，尽可能使教师的观察与行为更理性一些更明澈一些。教师很难完全摆脱过去的束缚，对今天的一切作出不念旧恶的理性决定。但是，这都不是教师可以对学生妄下定论的理由。不对任何一个学生作出一些貌似合理的预言，是每一个教师必需的束缚。有些权力要不得，因为它会束缚教师对学生的观察。

教师的臆想伤害了学生，并不是夸张。如果教师心中都是天使，看到的就是天使。如果教师心中都是魔鬼，看到的就是魔鬼。教师应该尽可能地把每一个学生想得美好，而不是臆想成丑陋或邪恶。不管是对教师还是对学生，这都是一件好事，否则师生都会倍受折磨。话语可以欺骗，行为可以掩饰，眼神却是一个人真实心情的流露。现在的学生是敏感的，完全可以通过教师的眼神，看到自己在教师心目中是怎么样的学生。一旦看出教师对自己的成见，学生就会失望，甚至慢慢就成为教师心中的"坏学生"。

教师不能成为盲目观察的奴隶，必须控制那些不利于学生成长的臆想。学生肯定存在这样那样的问题，教师应该相信学生能够变好。这就是教育。教育肯定不是万能的，但是教育可以使大部学生变得更好，虽然有程度区别，但没有本质区别。教育的最终目的，就是使学生能得到不同程度的发展，而不是齐头并进。教育的前提，就是相信学生会变好，而不是不可理喻的，更不是教师随心所欲定格学生的生命价值和社会价值。

# 老师，您有点叶公好龙！

每毕业一届学生，我都会用 QQ 与毕业生交流，请毕业生畅谈高三年级一年的感受，说出在校期间想说而又不敢说的话，特别是对我这个班主任的意见。可以说，许多教育经验并不是在具体的教育经历中提升的，而是借助 QQ 交流后获取的。"不识庐山真面目，只缘身在此山中"。与在校生的交流，往往带着片面性，因为权威的存在，班主任得到的信息是不完整的，甚至是狭隘的。作为班主任，我一直以"与生为友"自居，也因此引以为傲。我从不怀疑自己对学生的真诚。可是，一位毕业生与我的 QQ 交谈，打破了我这种自以为是，因为他在 QQ 中说："老师，我觉得您有点叶公好龙！"

"有点叶公好龙！"是什么意思？看到这样的评价，我自然想刨根问底，探个明白。这位学生为我列举了几大证据：一是在班会课上，您总在提倡要保护每个同学都有发表自己意见的权力，可是有时您并不能耐心听取学生的意见，甚至是武断地打断；二是您总说喜欢有个性的学生，行动上您却不断在打击有个性的学生，甚至有挖苦的言语；三是您总不断强调每个学生在自己眼中都是一样的，不管成绩好还是差，可是在处理一些事情时，您明显具有偏向，对成绩好的同学总是手下留情，对一些成绩不好又经常违纪的学生处理得相对严格，甚至有点严厉；四是您希望我们同学之间要真诚，您不会强迫学生之间相互揭发，可是一些发生在我们学生之间的事，您是怎么知道的？肯定是您在我们同学之中安置了密探。

看到学生提出的几个"罪证"，我无言以对，一方面为自己的不足感到遗憾，另一方面也感叹学生观察的敏感性。教育真的不是训话，而是一种行动。我们教师把许多教育希望寄托在语言表述，而没有落实在具体的行动中。学生没有指出，但其实已经洞悉，只是慑于教师权威不敢指出。可是，教师依然一厢情愿地认为用语言感动了学生，却把行动抛弃了。正如这位学生所说："您有点叶公好龙！"叶公用话语表达了对龙的喜爱和敬重，也画了一些龙的图案，可真龙来到时，他却吓个半死。作为班主任，我不断强调要张扬学生的个性，可是当有个性的学生出现在我面前时，我采用了变相的打压，生怕惹事。我总在提倡学生可以对我提意见，但当触及我敏感的神经时，有时会变得粗暴。我总在标榜自己对学生一视同仁，却不时戴上有色眼镜看人。我总对学生保证，不会安插暗探或禁止学生打小报告，可是有些事情毫无头绪时，我也会出此下策。我不是"叶公"，还是什么呢？面对学生这样的评价，我不愿接受，可是在"罪证"面前，又有什么力量可以辩解呢？

"您有点叶公好龙！"这是任教二十多年来，学生对我最为严厉的评价，也是极少数的反面评价之一。我一直沉浸在学生正面评价的鲜花中，突然遭遇这一打击，真有点承受不了。事后渐渐明白，习惯了表扬的人，突然遇到批评就会承受不了。我这位教育学生的人，面对突然的批评，同样很不是滋味。那一天，我没有任何留言就关闭了QQ，晚上难以入睡，一直在反思自己的行为，一一对照自己的从教生涯。越对照，我越害怕，感觉学生的几大"罪证"确凿、有理，我满教育的幸福感，一下子跃入沼泽中。"叶公好龙"的故事，竟然发生在一直自我感觉良好的自己身上，原来我是披着良师外衣的叶公。第二天，我打开QQ，那位学生在QQ上给我留了言，一再问我是不是生气了，留下了许多个"对不起！"我看到这么多"对不起"，并不是释然，而是更加的坚信，自己真是"叶公"！多年来，我一直以为通过 QQ 交流，可以反思自己的教育行为，原来只不过是在变相向学生索取好评。一旦遇到有学生说我"叶公好龙"，我那些貌似宽容的情怀就倏然而逝。"叶公好龙"的评价，撕破了我宽容、民主、自信的外衣。我无以面对，羞愧难当，甚至觉得自己就是"皇帝新装"中的皇帝。

一边渴望学生能提出宝贵的意见，一边又奢望学生多一些肯定的评价，这本身就是一种"叶公"情节。毕竟，没有一位老师愿意看到学生的否定评价。既然是良药，必然是苦口的。教师一边鼓吹良药的好处，十分希望得到良药，一边却不愿接受甚至讨厌它的出现。我们的许多教育宣言，有很多只是停留在口号上，行动中宣言却成为泡影，甚至是害怕它真的出现。每天都有很多教师在责骂应试教育害人，可是每天都在应试教育。一旦新课改来临，教师马上成为新课改的绊脚石，用一万个理由证明新改革的不合时宜，这不是"叶公"是什么呢？教师对待学生的教育问题，又何尝不是如此？教师总是教育学生要诚信，同学之间要友爱，可是我们教师自己呢？我们用不诚信的方法，教育学生要诚信，甚至总在欺骗学生。在学生面前，教师自己又有多少诚信呢？学生之间出现矛盾时，教师不去探究矛盾的原因，更多的却是高调演说，甚至有意无意地把学生群体划为"干部群体"与"学生群体"，让前者不断地打小报告，一点小事就弄得学生内部人心惶惶，生怕什么时候被同学告了密。这还有什么友爱可言呢？

面对教育，我们需要反思的有许多。许多时候，我们的教育行为是非教育的，只是大家都在这样做，慢慢地穿上了"教育"的外衣。可它改变不了非教育的本质，根本经不起验证。可惜沉默太多，学生也在沉默。"沉默"并不代表"接受"，只是它的免疫排斥也需要时间。毕业学生吐真言，可是有几个老师还有机会倾听学生的真言呢？

# 鱼、竿相济，协作相长

一次班会课，我给学生讲了《一根鱼竿、一篓鱼、人生》的故事：从前，有两个饥饿的人得到了一位长者的恩赐：一根鱼竿和一篓鲜活的大鱼。一个人要了一篓鱼，另一个人要了一根鱼竿，于是他们分道扬镳了。讲到这里，我问同学们："这两个饥饿的人会怎么样呢？"几乎所有的学生都认为：这是授人以渔与授人以鱼的道理，要一篓鱼的人会饿死，要一根鱼竿的人会不断地钓到鱼而生存下来。

事实真是如此吗？我接着讲：得到鱼的人原地就用干柴搭起篝火煮起了鱼，他狼吞虎咽，还没有品出鲜鱼的肉香，转瞬间，连鱼带汤就被他吃了个精光。不久，他饿死在空空的鱼篓旁。另一个人则提着鱼竿，继续忍饥挨饿，一步步艰难地向海边走去，已经看到不远处那片蔚蓝色的海洋时，他的最后一点力气也使完了，只有眼巴巴地带着无尽的遗憾撒手人间。这个结果让学生感到很意外，在学生的心中，结果不应该是这样的，要鱼竿的人怎么可能会饿死呢？我接着说：又有两个饥饿的人，他们得到了长者同样的恩赐。只是他们没有各奔东西，而是商定共同去找寻大海，他俩每次只煮一条鱼，经过遥远的跋涉，来到了海边。从此，两人开始了捕鱼为生的日子，几年后，他们盖起了房子，有了各自的家庭子女，有了渔船，过上了幸福的生活。听完故事，学生才意识到这个完整故事的寓意。

授人以鱼，是带有否定色彩的举措。授人以渔，是带有肯定色彩的行为。可是我们发现，"授人以鱼"与"授人以渔"，都没有改变饥饿人的命运，改变命运的是两者的结合，即协作。授人以鱼会养成惰性，授人以渔也难得保全。得鱼者只顾眼前的利益，只能获得短暂的满足。得鱼竿者，虽然可以到海边钓鱼，但没有食物能保证他走到遥远的大海。脱离实际的鸿鹄之志，又有何用？

有鱼或有鱼竿固然好。可是在现实中，许多时候只有鱼或鱼竿，是巨大的缺失，很少有个人能得天独厚。成就一个人的绝不可能是他的缺点，而是他的优点。一个人最大的优点不是他所拥有的特长，而是能够确保发挥特长的协作精神。通过协作，借用他人的优点来弥补自身的缺点，获得共同的进步，这才是最智慧的。后两位饥饿的人，就是靠着协作的智慧，不但生存下来，而且成家立业，这不就是"1＋1＞2"吗？而仅得鱼者与仅得鱼竿者，两个"1"都成变了"0"。

在人生问题上，教育总要求学生做单项选择，选择一个最佳答案。这已经成了许多教师和学生的思维定势。其实，人生不是单项选择，而是多项选择后的整合。"是"与"非"这种二元对立思维，已经成为学生思维成长的瓶颈。一个人很难具有天时地利，却可以拥有人和。用我的地利，与你的天时共同协作，这不是人和吗？"鱼，我所欲也。熊掌，亦我所欲也；两者不可得兼，舍鱼而取熊掌者也。"可是许多时候，什么都舍不起。寓言中，舍鱼者与舍鱼竿者都将面临死亡。只有得鱼者与得鱼竿者协作，才能换来生存与发展。真的是鱼、竿相济，协作相长。

教育只教给学生有"舍"才有"得"，却忘记了"舍""得"的互补：自己的舍得与他人的得舍，可以换取共同的得。而学生最为缺失的，正是这种互补中体现的协作精神。我们在感叹学生个人智慧的同时，也叹息集体智慧的缺失。个体鲜明的个性和智慧，在合作化时代，显得那么渺小。如果学生在学习时代仅种下个体智慧的种子，对于他们未来的成长必然会有潜在危险。学习特别是应试学习，可以通过个人的智慧来达到。一旦进入社会，个人的智慧在许多时候会束手无策。从某种意义上讲，学习是个人智慧的阵地，事业却是集体智慧的战场。教育界已经意识到集体智慧的重要性，一直在强调合作学习、小组探究，可是在学习本身误入歧途的时候，合作学习也成为一种形式，甚至许多时候连形式的影子都没有看到。

教育中还存在着一种更为严重的危险，就是教育中，个人智慧仅仅只有个人智力，智慧的其他因素没有得到足够的重视，特别是情感因素。协作就是情感因素中的一种。学生在漫长的学习时代，被教育一次次的选择，个人智力被不断地强化，其他因素却被淘汰或湮没。一旦进入社会，智慧因素、协作精神明显弱化的学生，怎么能够游刃有余？教育的本意在于促进学生的全面发展，让学生的各个方面能尽可能地成长。只青睐智力、忽视智慧的教育，无法完成教育的真正使命。它使有些学生得鱼，有些学生得鱼竿，也有少数学生同时得鱼与鱼竿。有多少学生，能够拿自己的拥有，与他人合作呢？

教育应该要改变思维，不应该停留在给学生"鱼"还是"鱼竿"的简单选择上。教师应该如何在培养学生的协作精神上花工夫，让有鱼者出鱼，有鱼竿者出鱼竿，让各方扬其长避其短。每个人只有鱼，就没有持续发展的手段。每个人只有鱼竿，就没有持续发展的基础。既有发展基础，又有发展手段，才能真正有发展。这才是一种相济相长的思维方式。

# 在责任感中受伤的班长

"有兴趣地学习"是一种最佳状态。但这往往会带来一种误解，认为没有兴趣就不能学习。作为一名教育工作者，必须要区别学习的应然和实然状态。学习的应然状态，自然应该是有兴趣地学习。学习的实然状态，则是指学生对学习没有多少兴趣，是被压状态的无奈选择或者习惯性学习。这种实然状态，在许多毕业班的学生甚至是成绩最优秀的学生，比较普遍。日常教学中，教师会不断强调"学习没有兴趣，会没有效果，成绩肯定会很差"之类的话，这对许多学生是心安理得的安眠药。因为学生觉得自己没有学习兴趣，自然成绩也不会好，那就索性放弃了。而事实上，没有兴趣，照样能够学习好。担任十多年的高三毕业班班主任，我总要调查一下班级学生学习兴趣之类的问题，发现不管是成绩优秀还是不理想的学生，对学习有兴趣的学生是并不多见。

有一届的班长，在班会课上理直气壮地说："我对学习有非常浓厚的兴趣！"高考成绩揭晓时，这位对学习兴趣非常浓厚的学生，考得并不理想，刚刚达到重点分数线，是他高三历次考试中最差的一次。在一次在 QQ 上他交流，我问他，你是不是真的对学习有着非常浓厚的兴趣。他说："如果我都说学习没有兴趣，肯定会影响同学们的学习积极性的，我必须站出来。我知道，你的目的是为了让那些没有学习兴趣的同学努力学习。如你所说，兴趣只是一味调味品，而不是必需品。班级里的同学，如果觉得我都没有学习兴趣，肯定不利于他们的学习。金老师，有时我觉得你太实用主义，没有达到一定的高度！"

其实我也感觉到，我对学生的教育过于现实主义，缺乏理想主义。而教育应该是理想与现实的最佳结合点，而不是单纯的某种选择。

我问他为什么在高考中发挥如此失常时，班长的回答更让我出乎意料："金老师，其实是你没有看出来，高考最后阶段我有多么紧张。可是我努力表现出沉稳，我怕其他同学看出我的紧张，使他们特别是女同学更加紧张，引起整个班级恐慌。高考最后阶段，班级的火药桶，很可能因为我班长而点燃！"班长的回答让我非常吃惊。作为领头羊的他，考虑问题竟然如此周全，而我这个班主任，却忽视了他心中的困惑，全然不知他内心的挣扎和勇气。

最近在看苏霍姆林斯基的《让少年一代健康成长》。尤卡尔的困惑，使我坚信，班级领头羊有着许多困惑。尤卡尔对苏霍姆林斯基说："可是，为了不让别人以为自己不行，我做起习题来往往一做就是几个小时。我挑那些最难的题目一个劲地做呀，做呀……可是临到考试，我就像上刑场一样。我却装出若无其事的样子，以便同学们，特别是女同学们，以为我什么也不怕。假如他们在我的眼神中看到了恐惧，他们就会惊慌失措，解不出题目。"尤卡尔是全校公认的数学尖子，是苏霍姆林斯基心目中最机灵的学生。强烈的责任感一次次告诉尤卡尔，必须坚强，必须带好领头羊这个头，必须让其他同学看到他优秀的一面，如我的班长一样。这么多"必须"，他怎么能够承受？

优秀生的困惑，应该引起班主任的足够重视。他们不仅承担着班级学习成绩的表率作用，更是起对班级心理场的稳固作用，自身却承受着更多的压力。反思十多年的毕业班班主任工作，总有部分成绩优秀的学生在高考中考砸，或许太多的心理压力是非常重要的原因。班主任只看到了领头羊们坚强的一面，却忽视了他们存在的困惑。一位毕业生通过QQ与我交流时说："老师，你可能不知道，考前一个多月，我每天都失眠，没有发挥出正常水平，平时我都是装的！"

现实中，班主任对外显型情绪变化的同学关注比较多，对内隐型情绪变化的同学关注比较少。总觉得成绩优秀的学生，是比较放心的，是最值得信任的。其实，成绩优秀的学生，在无声无息中承受着班主任没有想到的痛苦，却没有地方诉说。班主任已经习惯对领头羊的肯定，而不习惯去思考领头羊也存在的问题。这样，能够发现这些问题的教师就更少。

优秀学生的困惑，不管班主任发现与否，都真实地存在着。教师的视野有局限，许多发现并不是依据教师视线，而是根据学习成绩。教育是个细腻活，尽管班主任并不能对精细掌握每一个学生的每一个细节，但可以通过不断学习来发现。许多存在的问题，并不一定要等到被发现才去解决，班主任可以通过交流、学习去探寻蛛丝马迹。班主任工作，既要掌控显性的，也要触动隐性的。领头羊的困惑，就是一种隐性的存在。班主任可能发现不了，但也应该防患于未然。领头羊的责任感和自我强迫，让他们表明上显得风平浪静，情绪却随时可能触礁，班主任需要十分细心。

毕业班班主任会不时地找学生谈心，名为"谈心"实为"谈话"。学生害怕"被谈话"。因为，谈话总让学生觉得自己出了什么问题，班主任才来的。另一方面，班主任的谈话，无非是这段时表现怎么样、学习怎么样……都是非常宏大的问题，学生也不知道该如何回答。这种谈话就是缺少和谐的氛围。毕业班班主任有一个非常重要的工作，就是努力使自己成为学生谈心的对象，一个诉说的对象，一个能释放情绪的无底洞，释放且不留痕迹。如果能营造出这样一种氛围，我的班长也自然会吐露心声。他的困惑并不是某种严重的疾患，而是强烈责任感背后的无奈。只要有一个地方能够倾诉，领头羊就可以从巨大的压力和焦虑中解脱出来。因为，困惑往往把领头羊束缚在狭小的空间，这个狭小的空间让心灵变得越来越脆弱。这需要班主任为他们打开一扇窗，让阳光射进来。

# 走出"领头羊"的困惑

一般认为，班主任是班集体的核心，班主任的风格决定了它的精神面貌。学生的学习风气属于精神面貌，它与学生的学习习惯、班级中领头羊的学习意识等多种因素有关。班集体建设中，特别要注意的是领头羊的作用。学生学习的激情可以由班主任激发，它的维持与信心却离不开班级中领头羊的统帅。领头羊具有中流砥柱的作用，但存在班主任对领头羊的误用，而且一直没有引起班主任的重视。领头羊存在的困惑和误用，并不适合具体的学生，但在部分学生身上却真实地存在着。

## 1. 对领头羊的几种误用

### (1) 用于表扬以示榜样作用

领头羊的榜样作用，是班主任最为常用的。每次考试成绩揭晓，班主任就会表扬领头羊，在班会上宣读领头羊的成绩，目的是通过表扬树立其领头羊的地位。对于低年级的学生来说，这种表扬会带给领头羊一定的激励，会刺激其他同学"妒忌"后激发一定的学习动力。对高年级的学生来说，这种做法是低效的，甚至会造成领头羊与其他同学的隔阂。在中学阶段，成绩优秀的同学往往会有一种孤独感，这与班主任不时把他作为领头羊大加表扬不无关联。榜样不是宣传出来的，需要学生心中潜移默化地形成。因为学生心目中的榜样，并不仅只有成绩一个方面，还有体育、人际关系等其他许多方面。一个成绩优秀，又与其他同学关系融洽，且有特长的学生，才是学生心目中真正的领头羊。领头羊这个角色，绝不是班主任可以随意封冠的。

### （2）用于批评以示警示作用

"杀鸡给猴看"的情结，在许多班主任的教育字典中存在着。这只"鸡"不是普遍的"鸡"，是一只"强大的鸡"，有时候班级中的领头羊也作为"鸡"，被班主任推出。有一年带高三毕业班，由于月考成绩不理想，自学课又不太安静，甚至班干部也掺和其中，我窝着一团火。一次去教室检查时，发现班长与其他同学也在窃窃私语，我顿时非常恼火，把一股怒气都泄在她那儿："不要以为自己是班长，成绩好，就自以为是……"这次责骂以后，我明显感觉到班长对班级管理的责任感在消退。虽然通过交流，她的管理态度有所改变，但与我这位班主任的关系没有真正改善过。这次"杀鸡给猴看"，并没有给学生带来多少警示效果，却带给我今后班主任工作的反思：领头羊的"杀鸡给猴看"必须要慎重，不能简单认为领头羊，班主任就可以责骂；责骂还会引起其他同学的想法。学生本来平等，责骂也应该公平。

### （3）用于规劝以示参照作用

对领头羊另一个明显的误用，就是班主任在规劝其他同学时，往往以领头羊作为参照，一遍遍重复着："某某同学怎么样！怎么样！而看看你是什么样的？"这与其说这是一种规劝，不如说是一种挑衅，激起学生的叛逆。一次我对儿子说："某某小朋友的字写得多少好，而你的字呢？"儿子不屑地回答："他的篮球有我打得好吗？"拿其他孩子的优点去说服规劝学生，无疑是抱薪救火。这不但不能让学生改正缺点，反而会埋下冲突的火种。规劝有许多方法，但拿其他同学的优点特别是领头羊的优点来规劝，是不可能达到预期效果的，反而会引发冲突，特别是高中生。

## 2. 领头羊的困惑

### （1）表扬声中升压

如果简单地认为，对领头羊的表扬是一种奖励，那很可能潜伏着一种危险。特别对高中生而言，领头羊希望得到老师的肯定，但并不希望动辄在教室里公开表扬。美国教育家汤姆·G·吉诺特说："当孩子觉得自己不值得表扬的时候，他可能会用不良行为来表示反抗。"尽管领头羊不可能对表扬进行显性的反抗，可是无形之中会成为他的压力，使他不敢表达自己的真实意图，而尽力使自己以完美的形象出现，这对他无疑是一种伤害，也是一种软反抗。

有一届学生中，平时最优秀的学生在高考中考砸了。他本来是学校里清华北大的重点培养苗子，在学生和老师的心目中优秀得几乎完美，特别是模拟考试时，理综几乎接近满分，对他的表扬已经成为家常便饭。自然，我对他高考的失常特别是理综失常非常惊奇。QQ 聊天时，他对我说："金老师，你们总在表扬我，特别是理综。我表面上没有什么，其实我压力很大，理综模考考了二百九十多分后，我就一直害怕会考砸，结果真的失败在理综上。您知道吗，我高考前经常梦到理综考试考砸了。"这都是表扬惹的祸，他的遭遇，印证了苏堆姆林斯基对教师的告诫："过多的表扬并无益处。"面对表扬，每一个人都有压力。这种压力会让最柔软的一面被藏匿起来。许多人在担忧表扬会让孩子目空一切时，是否发现表扬让一些领头羊们不堪重负？

## （2）批评声中失落

经常接受表扬与经常接受批评，同样有害的。班主任尽力维持正面典型时会包庇领头羊的错误，甚至对同一事件的不同学生有着不同的处理结果。表扬对领头羊来说是家常便饭，可是批评呢？不能说每一位领头羊都对批评有免疫排斥现象，但是领头羊的相容性，明显要低于其他学生。"家长和老师还要注意，从来没有受过批评的学生，生存能力是比较差的。"可是学校中，那些成绩优秀的领头羊们，可能连善意的批评都没有遇到过。

领头羊一旦遇到批评会产生怎么样的情绪变化呢？前面提到的班长，不管成绩还是能力都比较强。我相信今后的工作中，即使遇到困难，她也能克服。可是遇到批评或指责，就可能出现在类似高三阶段管理热情、管理责任消退的情况。在批评或指责声中，责任感会消退，工作的激情会下降，会明显产生失落感。日常教学中，我们确实发现了这类问题的存在。部分优秀的学生最经受不起的，就是批评和指责，而不是学习和生活中的困难。可是，谁能保证他们在未来的成长过程中，不会遇到批评和指责呢？

## （3）规劝声中离群

榜样的示范作用不可低估，有时却会物极必反。特别是对高中生而言，因为同学之间接触比较多，领头羊并不一定能产生榜样作用。班主任经常以领头羊作为榜样来宣传，并且把成绩迁移到品行上，却没有养成一种习惯：可以表扬一个学生的行为，但不要无原则地涉及品行上。班主任认定的榜样示范与学生心目中的榜样一旦形成一定的反差，或批评其他学生时总以领头羊作为参照，学生就会与领头羊产生一定的距离。领头羊意识到这种距离感后，也会有意无意拉大这种距离。

多年的班主任工作，让我发现一些成绩优秀的学生相对离群。这种离群是怎样形成的呢？每一年我，都会了解一些相对离群的成绩优秀的学生，他们的答案如出一辙：同学不愿和他说话。询问另外学生时，有些学生说，某某同学其实根本不是老师讲的那样好，在某方面怎么样怎么样。这种离群是由同学的不愿接触引起，渐渐演变成领头羊的真正离群。

### 3. 走出领头羊的困惑

领头存在的困惑，是由班主任误用领头羊引起的。走出领头羊的困惑，也需要班主任主动改变某些不合理的教育方式。

#### （1）评价学生别总拿成绩说事

不管是家长还是老师，习惯在评价孩子时，喜欢拿成绩说事，成绩好的学生就是懂事的，反之就是不懂事。学生在学习期间最大的压力，无疑成绩。何况成绩几乎成为评价学生的唯一标准，谁也不愿意在成绩这根敏感的神经上时时被他人刺激。有人认为，对成绩不好的学生来说，成绩是一种压力。其实，对领头羊来说，成绩同样是一种压力。对成绩优秀的学生来说，要维持这种优秀状态，其压力更大。夺得一次优秀并不困难，要保持优秀却是相当困难的。班主任以学生成绩作为榜样，反复宣传领头羊，无疑是一次又一次的施压。在这种压力下，领头羊甚至压会掩饰真实的自己，尽量展露出优秀的一面。这对他来说，无疑也是一种伤害。学校和家庭中到处弥漫着对成绩的

贪婪气息。这种气息打击着成绩不好的学生，同时伤害着成绩优秀的
学生。它如一张网，时刻笼罩在学生的心中。

### （2）表扬孩子的行为而不轻易表扬品行

班主任喜欢表扬领头羊，以致"爱屋及乌"，把领头羊的其他方
面都夹带进来。领头羊因为成绩优秀而格外醒目，可是班主任往往对
其他方面的评价不断拔高。表扬领头羊的成绩，是领头羊在成绩方面
出色，同学也会认可。但成绩出色，并不意味着认可领头羊的其他方
面。领头羊之所以易被同学疏离，与班主任没有原则的表扬不无关联。
所以，班主任表扬领头羊成绩时，不能迁移到其他方面，更不能动辄
以领头羊的成绩作为批评其他学生的理由。表扬行为而不迁移到品行
上，是每一个班主任要注意的问题。

领头羊经常因为成绩而受到表扬，往往会忽视其他方面的成长，
甚至因为成绩优秀而漠视品行方面的发展。这不是教育所希望发生的。
领头羊发生某种意外时，教师和家长表现出非常的诧异，就说明了领
头羊存在的问题：领头羊成绩优秀，教师和家长会忽视了其他方面的
要求，领头羊出现不良后果时，教师和家长后悔莫及。所以，班主任
应该对领头羊与其他同学，有同样的要求和准则，不能因为成绩优秀
而漠视品行方面的发展。班主任应该在具体的工作中认识到，某个具
体的行为和品行之间具有一定差异性，行为和品行并不是完全重合的。

### （3）班主任要善于倾听学生的诉说

领头羊不是一潭静水，也会汹涌起伏。走出领头羊的困惑，很难
准确说明应该是班主任主动，还是学生主动。其实，谁应该主动，并
不重要；重要的是，班级要有学生主动向班主任诉说的氛围。这个氛

围的形成，离不开班主任的精心营造。当前教育有一种发展态势，就是尽量把问题扼杀在萌芽状态，教师成为摄像头，时时在拍摄学生的异端行为。这是一种懒政思维。在这样的班级中，师生之间是不可能形成和谐的心理场，班主任也不可能取得学生的信任。即使师生之间有交流存在，也是十分肤浅的。班主任必须意识到，走进学生的心灵是一件很难的事，班主任应能感知学生心灵的变化，或按教育经验判断，学生在学习的什么阶段可能会出现怎么样的情绪变化。班主任留意情绪变化的对象，应该包括领头羊。班主任总在防这防那，但很少会提防"领头羊"也可能"善意地欺骗"。领头羊总是不想让同学和老师看出他们的脆弱。班主任必须尽可能发现他们的脆弱。每一位学生都有脆弱的时候，班主任不能被学生的外表蒙蔽。

高三班主任应该是心理指导师，因为领头羊的"善意欺骗"也需要心理预防和咨询。目前，心理咨询还没有深入人心，学生又普遍存在心理问题，让领头羊说出自己的真实感受，需要班主任真诚的沟通。这种沟通离不开一定的心理学知识。把握节奏和分寸，是非常重要的。班主任既要保证领头羊能说，又要保证领头羊说实话。这个引导过程中，班主任扮演着心理指导师的角色。教师对学生的心理指导更需要情感共鸣，能站在学生的立场思考问题，这需要班主任又是一位倾听者，不能带着先入为主的立场，居高临下与学生对话交流，而是能静心地倾听学生的心语。

班主任会不时地找学生谈话。学生一方面害怕被谈话，另一方面又不知道该如何回答。因为这种谈话往往缺少和谐的氛围。班主任非常重要的工作，就是努力使自己成为学生谈心的对象，诉说的对象，能释放情绪且不留痕迹的无底洞。班主任对待领头羊的问题上，也应该是这样的态度，在无痕的教育中帮助领头羊走出困境。

# 走出"西西弗斯式"的学习困境

古希腊的暴君西西弗斯，死后堕入地狱，被惩罚推石上山，但石头在接近山顶时又滚下山坡。于是，西西弗斯重新再推，如此循环不息。西西弗斯的推石上山是劳而无功的，对西西弗斯的惩罚特别又严厉。这个故事告诉我们，一个人永远没有成功的结果，是多么的残忍。付出大量的辛劳，却永远要从零开始，世上没有比不能获得成功更残忍的惩罚手段了。

既然"没有成功"是最严厉的惩罚，教师看到许多学生总是非常认真的学习，却没有得到成功的快乐，教师应该想到学生会以怎么样的心情，来对待学习这件本应该是快乐的事呢？人们总在强调要培养兴趣。其实，本无"兴趣"一说，因为在某件事上体味到成功的乐趣，就慢慢养成了兴趣。所以，兴趣不是天生的，而是后天培养的。培养兴趣的方法只有一个，那就是体验成功。可是许多学生，面对学习，从来没有成功感，又何来"兴趣"一说呢！与其说学生在学习，不如说他们每天都在如西西弗斯般推石。

传统教育总认为学习是痛苦的事，是艰辛的，诗句"书山有路勤为径，学海无涯苦作舟"就是证明。教室里到处是这些励志的名言名句，鞭策着学生。有时，学习并不是真正的苦，而是各类宣传在说学习苦。这正如咖啡。没有尝到咖啡真正味道的人，会觉得咖啡很苦。如果咖啡真的那么苦，还会有人念念不忘吗？既然记得咖啡，说明它不是苦，而是能够给人特有的味觉、嗅觉刺激。只是有些人无缘领略咖啡的这种独特的滋味。每一次品尝咖啡都觉得苦的人，如西西弗斯推石一样，是劳而无功的，不能品味到咖啡的本味。他们不能坚持多久，就会把咖啡扔出生活。还在喝咖啡的人，一定是品尝到了咖啡的无穷滋味。

教育专家林格在《教育是没用的》一书中提道：厌学，可以说是中国教育史上的"癌症"。"西西弗斯"式的学习，如果还让学生不厌学，才是不正常的事。学生如何面对厌学呢？绝大多数情况下，他们不是逃学，而是"积极"地学习。既然父母、老师要求他们"推石头"，他们就推，漫无目的地推，推得强逼他们推的人也无话可说，只能说一声："这么认真，怎么还会这样呢？"学生在众多的逼迫之下，一直在做西西弗斯。既然生活中的主旋律是推"石头"，且需要一种苦样，他们就顺父母、老师的意。被迫的，永远都是被动的。失去主动性学习，是当今教育的最大症结。许多学生在教室里"认认真真地学习"，其实是在认认真真地学习西西弗斯，辛苦了一天，又回到了起点。学生成绩不理想时，最需要的是安慰，众多家长却是习惯性地指责。因为习惯受到指责，学生失语了，唯一能向家长交代的，就是每天都如西西弗斯那样的忙碌。

"忙碌"绝不是学习的代名词。如何让学生走出西西弗斯式的困境，是摆在每一位教师面前的大事。

首先，家长和老师必须改变对学习的认识，特别是要把"忙碌"与"学习"区别开来。其实，两者之间关联不大。家长和老师想到的关联，都是一种幻想。老师最害怕的，就是学生在学校里清闲，一旦看到学生做完了作业，就觉得今天学生的任务太轻了。家长最害怕的，就是学生回到家里看电视，玩电脑，和朋友游玩，很少拿起书本。总有家长抱怨自己的小孩放假后从不打开书本，恨不得孩子把所有时间都用到学习之中。学生为了"讨好"老师和家长，有时装出非常忙碌，这样自己可以清静，家长和老师可以安心。其实这次都毫无益处，家长、老师生活在假想之中，重复着假想。见到结果时，家长和老师悔之已晚。"忙碌"扼杀的不仅是时间，更是学生对待学习的心情。现在最忙的是中小学生。他们忙成西西弗斯，谁能会为之负责呢？逼迫时个个争先锋，问责时无影无踪。

其次，要让快乐来引导学生学习。学生每天埋头苦学，心还没有醒，人就已经起来了；心已经睡着了，人却还在书堆里。比较"头悬梁，锥刺股"，苏秦看到成功的一天在招呼，学生在昏昏沉沉中看到了什么？可能梦见自己在逃学吧！西西弗斯能这样一如既往地推石，那是惩罚，甚至西西弗斯的本身就已经失去了"心念"，可是把学生也推入"西西弗斯"式的学习中，难道也是要惩罚学生吗？也要使学生失去"心念"吗？走出"西西弗斯"的学习困境，最为重要的，就是让学生体味到学习的快乐，而不是痛苦。只有"乐作舟"，才能载着学生行驶到成功的彼岸。

最后，教师家长要正确认识分数。对目前的教育来说，分数是不可回避的。任何回避分数来改革教育的做法，都是有失偏颇的。分数是一个参考，但不是标准。目前的教育制度下，不管是家长、老师，还是学生，漠视分数都是行不通的。学习成绩是遴选学生时一个重要的参考。一个好学生，应该有良好的成绩，尽管有好成绩并不一定是好学生，但好学生一定有好成绩。但是，我们不得不承认一点，学生时代的成功并不意味着未来的成功，学生时代的失败也同样并不意味着未来的失败，关键在于教育让学生酝酿了怎么样的心态。教育应该让学生感受到一点，失败的是分数，而不是心情，更不是做人；成功也同样只是分数，不能代表其他任何一切。其实，每个人都明白：就算是西西弗斯偶尔一次把石头堆到了顶上，能改变得了推石头的命运吗？

　　学习，如果不能走出西西费斯式的困境，就永远也称不上真正的学习。或许，西西弗斯知道自己在受惩，才不辞辛劳地推石上山。学生的学习，难道必须这样辛苦吗？没有快乐的学习，与西西费斯推石头有何区别呢？

# 做一个"快思慢语"的教师

遇到突发事件，采用怎么样的策略来解决问题，是教师专业素养的体现。因此，"策略"成为教师追求的教育能力和艺术。换言之，"策略"就是教师遇到各类突发事件时，构思出来的合理解决问题、妥善处理问题的思路。可是，好的策略不一定能收到好的效果，原因就在于教师忽视或者被冲动湮没了一个非常重要的处事原则，就是语言应该要比思想慢半拍，就是教师应该"快思慢语"。"慢"不仅表示速度，更体现控制情绪的能力，使自己有足够的时间来思考。"快思慢语"是一个简单的词语，做起来却很难。如果教师认真反思一下自己的一言一行，就会发现，自己离"快思慢语"的距离很远。

有一幕总是浮现在我的脑海，并时时提醒我，解决学生问题必须"快思慢语"，而不是"无思乱语"，否则只会让自己陷入泥潭。多年前，我去检查寝室时，总发现班里的一位学生是在大吵大闹。我查到一次，好好教育他一次，可是并没有多少起色。"虚心接受，坚决不改"形容他是最合适不过了。连续的多次的教育后，我失去了耐心，看到他故技重施时，我情绪有点失控，一把就把他从床上抓了下来，有了肢体冲突。一句没有想过的话我脱口而出，"我明天就让你走，你不走，我就不当班主任！"有点胆怯的他，却立刻精神抖擞，回击了一句："你当不当班主任，关我什么事！"寝室成为我们两个人口水仗的战场。最后的结果，是学校月光皎皎的花园中，我们相互道歉，这位学生成为与我关系最为融洽的学生之一。他毕业后两年，因为特殊原因，又重新回到了我的班级里复读。与其说我再次成为他的班主任，还不如说我是他的朋友，相互之间默契融洽地度过了一年。可是这件事，一直烙在我的记忆深处，时时提醒我：处理学生问题，一定要慎言，切忌因失言而激化矛盾。师生之间冲突，常常因失言而催化矛盾。

"快思"需要敏锐的观察力和反思力，是隐在思想深处的激烈反应，它不仅是多想，更是细想。"慢语"是让语言滞后于思想，或者说是思考成熟后再适宜地表达。人类与其他动物的区别之一，就是人类有特殊的语言。语言本来是用来交流的，使用不当就会让人与人之间的交流走入歧途，所以有"恶语相向""祸从口出"等表达。从某种意义上讲，当今师生之间的重重矛盾，是因言而出。师生之间肢体冲突并不多，语言冲撞却是随处可见。本来完全可以通过语言来息事宁人，但因为语言冲突反而激起更大的矛盾。如果追问师生冲突是谁引起的，应该说，行为上的起因自然是学生，语言激化的推动力却是教师。

教师每天都会面对学生出现的种种问题。发生问题是不可避免的，可以避免的是对问题的恐惧和过分担忧。当今的教师群体并不幸福。这种不幸福，除了来自各种外界因素外，主要还是来自自身。"幸福来自内心，而不是外界的鲜花。"教师不能改变外界因素，也没有改变自己对幸福的认识。一个不幸福的教师会以怎么样的情感体验，去面对学生问题呢？那就是"我如此辛苦，你们却还是如此不安分！""我这样做，还不是为了你们，你们还不领情！"……检查寝室与顽皮学生发生冲突时，我本能的反应就是："我这样好好地对你说，你竟然还是屡教不改！"冲入大脑的血液没有滋润思想，却冲击着语言中枢，导致语言中枢发出"无思乱语"的指令。学生不会同情教师，除非爱戴教师。如果教师把学生问题当作事故来看待，甚至严阵以待，每天如临大敌的心境去面对，甚至时时伺机侦察"敌情"，教师的每一天就如坐针毡，拿什么心情来"快思慢语"，只可能是"无思乱语"。教师面对的是事故而不是问题时，扭曲的情绪就会顿时喷发。我们甚至可以发现，大吵大闹的不是学生，而是教师自己在"大吵大闹"，使班级不得安宁。一旦"浮燥"捆住师生的心灵，"快思慢语"就成为无法实现的目标，虽然它非常简单。教育本身是一件简单的事，因为教师没有做好许多简单的事，教育才变得扑朔迷离，简单的"快思慢语"就才变得那么艰难。

教师不要一开始就认定学生有对抗情绪。学生情绪对抗的产生，往往不是教师合理的惩罚，而是教师的挑衅性语言。我明显感觉到，那次寝室检查与学生的冲突中，我一把抓他下床时，矛盾并没有多少恶化；我不负责的挑衅性语言，才真正激化了矛盾。我相信，如果没有那句话，他可能战战兢兢地被我拖出寝室，等候处理。可是，我那挑衅性的语言给了他无尽的反抗力，他一下子就爆发了，不再考虑后果，只求在语言上挣回一点自尊。许多师生之间的冲突，其实是在语言上争取"胜利"。师生之间太多的"言语相争"，你一言我一语的互相指责，使许多纠结非但得不到解决，而且没完没了。许多教育问题，因为语言冲突而"小事化大"，最终的"大"使教师"颜面丧尽"。许多教师的挑衅性语言，是无法真正实现的，当然也不能实现。我会因为他的依然存在而辞去班主任吗？我有资格取消他学习的权利吗？其实都没有，也不可能有。第二天，我依然得以班主任的身份出现在学生面前，换来的只是学生私下的笑话。其实，教师语言冲动，引起的不仅是学生的对抗情绪，更是把自己置于不利地位。做一个会"慢语"的教师，要成为教师的习惯。很多动物具有视第一眼所见的会运动的物体为母亲的特征，烙在脑海中不再消失。教师在处理学生问题时，一句冲动的话就如印记效应一般，烙在学生的"较真"劲里，冲突和矛盾由此而深化。

学生发生问题时，特别是比较严重的问题时，教师有愤怒也是正常的情绪。但教师在处理学生问题，向学生表达愤怒时，必须经过"思"才能表达，不能随意发泄。特别是，教师表达愤怒也要如"慢语"一样，弄清楚问题后再表达。而事实上，许多教师在处理学生问题时，往往是"表达愤怒"和"挑衅语言"先行，"思考"总在语言后面。"愤怒情绪"和"挑衅语言"这两者的一唱一和，使学生只能背水一战，硬着头皮与不想顶撞的教师交火。因为教师的愤怒，使他感受到了威胁的存在，引起了本能的防御反应；教师的挑衅性语言，激起学生保护尊严的意识，使他不得不反。最后无法收场的不会是学生，而是教师自己。因为，这个圆场还需要教师自己去做。可以这么说，教师要给自己一个下去的台阶，就不要上这个不应该上的台。否则，损害的只有自己在学生心目中的威信和形象。

教师应该要记住：遇事多思考，说话慢半拍，让语言滞后于思想，这不是迟钝而是明智，学会做一个"快思慢语"的教师！

四

教师成长

# "四十而惑"的教师

孔子曰："吾十有五而志于学，三十而立，四十而不惑，五十而知天命，六十而耳顺，七十而从心所欲不逾矩。""四十而不惑"，即四十岁就能不被外界事物所迷惑。《论语·为政篇》中的这个名句，却在教师专业成长之路中遇到了意外，许多教师是"四十而惑，惑而霾，霾而怠"。"四十岁"，经验丰富，精力旺盛，见识独到，本是一个人事业发展的黄金时期。偏偏在这个黄金时期，许多教师出现了职业倦怠，成了专业发展的瓶颈之岁。

"四十而惑"有外界原因，更有内因即自身问题。从事任何职业，都需要个人在一定程度上，将感情和精力溶解在职业之中。教师更是如此。这也应该是对教师的基本要求。许多教师的感情和精力曾经充分溶解在教育生涯之中。随着年龄的增长，他们发现自身的溶解度在不断地缩小，甚至可以游离出来。这是一个值得反思的问题。教师专长成长的动力，容易成为一条抛物线。最高点也是开始下滑的点，往往出现在"四十"。四十而惑，因何而惑？仅仅一个"高尚"，解释不了任何问题。从宏观上讲，下滑的原因是教师不能脱离孤单感。教师专业成长路线中没有一些可以值得"爆料"的品性，就会使人觉得孤单。这种孤单，其实是一种失落感在游荡。这种失落感中，深埋着妒忌与失意。

专业成长需要动力。动力有内在的，也有外施的。教师专业成长之路上，有些学校有些教育部门过于强调内因的重要性，甚至总对外因抱有某种不真实的偏见。让一个人从事某一职业时抱有不可磨灭的热忱，必定有某种抵达心灵的召唤在持续地展现魅力。对教师来说，这个魅力是什么呢？社会对教师群体有着过高的企望，把教师绑架在纯精神层面上，赐予"高度的高尚的自觉的"。而事实上，许多教师并不是如此，只是非常平凡的一个人。教师也需要从某些诱惑的满足中，得到发展的动力。这应该得到无可厚非的宽容，教师是平凡的人，不能视"精神"或"诱惑"为唯一的原动力。教师应该具有物质动力之外的精神动力，脱离任何一面都不是真实的。步入"四十"，评上高级，仕途无望，"教师"这个普通称呼成为唯一的外衣时，教师还能"老骥伏枥"吗？

"四十岁"，应是一个燃烧的年龄，在教师群体中却算得上是"老骥"。教育是一个"催老"的职业，这与教育的本真相悖。面对一群青春年少，教师却显得"老态龙钟"。这其中，一定发生了不该发生的事情。专业成长，并不需要教师有完全抛弃功利的圣人修为。所需要的，是一种能够抵抗沉迷的反应。因此，探讨教师专业成长，并不需要一个从世俗中完全解脱出来的完全自主性，而是需要一个相对自主。

我们通常认为，依赖某些刺激是必要的或是无法避免的。所以，我们很少去质疑诱惑给我们带来的迷惑；甚至隐约感觉到，只有某些诱惑得到满足，才是安全的或感觉到安全的临近。我们似乎时时被某种诱惑的缺失监控着。不管是谁，都不可能生活在蒸馏水中。有欲望，并不一定是邪恶。只有"欲望"与"邪行"合谋，才是邪恶的。合理地去实现欲望本身，就是一种善行，而非恶行。可是社会的企望，让教师群体成为一群被欲望遗落的人。这是社会不负责的要求。作为教师，确实需要某种洗涤，但不能撕毁。

许多教师一直迷惑于这种欲望的存在之中。一方面欲望客观地存在着，另一方面却是被要求远离欲望而做纯粹的人。随着时间的考验，大多数教师会选择平静地接受，而"平静"本身就是一种逃避。"四十而惑"，是因为平静，是因为相对要求缺位，是因为一直紧张而彻底松懈。教育的许多理想无法完成，个人的欲望无法实现，所以迷惑，所以平静，所以逃避，所以缺乏动力，所以出现瓶颈，所以许多优秀教师开始平静而平淡。这是教育资源隐性而巨大的浪费。教育行政者把这种责任归结于教师自身的素质，这就是一种不作为。教师作为一个群体，也需要激发，需要呵护，需要支持。

许多学校并不缺少优秀教师，关键是让这部分教师持续优秀，让优秀成为一种习惯。优秀需要肯定，肯定是多元素的，不同的教师需要不同性质的肯定，学校应该给予教师更多发展的空间和可能。"四十而惑"，源于发展空间的狭隘和可能性的迷失。对普通教师来说，"发展"两字显得有点沉重。学校不应该仅把职业成就评价定格在分数之上，应该给予不同擅长的教师不同的发展空间，并提供一定的保障。"四十而惑"，并不完全是消极的表现，它更多是一种对发展可能性的无奈。没有一个人不期待自身的再一次跳跃，除非毫无希望可言。学校应该给予教师心理关怀和理解，而不是一味地指责教师没有教育理想。教师的成长离不开学校和自身的和谐的默契，所以，优秀的学校一定是领导与教师"合谋"成长起来的。

人到"四十"，如果教师专业成长过度依赖着某种诱惑，追求带着虚假的幸福感，其实永远达不到真正的幸福，所谓"幸福"只是一些欲望得到满足时的暂时的欣慰。教师"四十"如果还深烙着"目的"，那就不会有真正的"自由发展"。"教师四十"，需要什么元素来支持可持续发展？那就是不能被"目的"所左右，做自己该做的事，做自己想做的事。只要轨道没有偏离，尽可能去发展自己的擅长，可以是务实型的教师，可以是研究型的教师，可以是一切合理的可以！

# 不做被铃声绑架的老师

陶行知说："人间也有天堂地狱。若存好的念头，心中愉快，那时就在天堂；若存坏的念头，心里难过，那时就在地狱。"对教师来说，教育生活就是生命中的三千流水，或匆匆而过，或缓缓流淌，或热情奔放，或低吟浅唱。既然选择了教师这一职业，必然要选择一种教育生活的态度。态度是自己选择的，而不是别人给予后的应答；它不是刺激后的反应，而是自身拥有的素养。态度决定命运，也同样决定教育命运。教育生命是学术与态度的共生体，两者缺一不可。陈琦教授说："一个好的教师除了具有丰富的学科专业以外，应当有：较高的情感投入；理解教与学的规律；具有较高的教学应变能力；具有良好的个性品质。"情感、个性品质、应变能力等等都是决定教育态度的重要因素。可是在目前的教育态势下，态度的价值很少体现，它总被某种表面的内容所掩饰，没有决定教育生命。

教育生命，从某种意义上讲就是一种正态度。这是教育不同于其他职业的显著特征之一。马特·里德利《红色皇后》说："演化不是目的，只是解决问题的手段。"

教师这一职业，拥有自由的时间并不多。教师更是一个职业人，不管他到那儿，都会带上教师的职业印象。与学生相处时，教师的职业形象更是一种无形的力量，是教师人格的代言人。如果教师只是一个以铃声作为指南，生硬地接受铃声指令的服从者，看似尽心尽责，实际上只是视它如一个工种的按部就班。教师不是工人，有时教育工作的上下班是难以厘清的。教育的指令不是铃声，而是心声。如果教师只是生活在铃声的时空之内，等着铃声上课，等着铃声下课，下班后准时回家，那么他就是没有端正态度。对教育者来说，更需要一种对时间不再吝啬的豁达。

铃声是什么？铃声是准备的信号，是休憩的音符，它不是督促，而是教育中跳动的乐章。铃声更不是一种隔音，不是师生开始交流的信号。课堂只是教育的主阵地，但不是唯一的。学校里处处都是教育，教师身在其中，就意味着学校里到处都是课堂。如果教师被铃声绑架，铃声就是一种督促和解脱，是刺耳的噪声，与教师的烦躁产生共鸣。教师来也匆匆，去也匆匆，不是去享受课堂，而是去完成一种不得不完成的任务。当教师拖着沉重的脚步，被铃声逼到教室里，被逼到讲台上，就没有那种淋漓尽致的触动与感动，只是一点一点挤出声音，去完成预设的程序。没有生成，只是设定，古板而又僵硬，课堂就是一种自上而下的灌输，教师本身的个性没有任何的显现，只有一些消极的表露。课堂虽然需要一定的共性，但毕竟是教师展示个人风采的天地。这个天地里，学生是很挑剔的。如果学生在这个天地里被教师深深够吸引，就会产生强烈的共鸣而恭听；如果这个天地不能吸引学生，就只是一个有声音、而没有心音的、嘀咕嘀咕的枯燥的地方。

"被铃声绑架的老师"是一种结果，一种现象，但不是原因。如果教师失去反省能力，"被铃声绑架"就是一种正反馈，更严重地强化人的消极状态。人一旦陷入消极，消极产生的影响也会强化消极本身，最后再也分辨不清谁是原因谁是结果，因为已经纠结在一起。人不可能没有情绪，但是教师应该尽量少带情绪进入课堂。教师是一个平凡的人，不可能不受外界因素干扰。真正的千里马要有勇气毛遂自荐，等待赏识就是一种浪费。我们看到，许多本应该是优秀的教师，因为没有赏识而自甘消沉。优秀教师不久也成为一个被铃声绑架的教师。

心态决定命运。构建和谐的教育生态，建立起教师良好的心态，迫在眉睫。教育工作不能拼命去做，而是要尽情去做。教育是良心活，更是心情活。拼命能坚持多久？为什么许多教师的有效教育年龄是那么的短暂，甚至刚爬上四十就身心俱疲，力不从心？教师没有良好的状态投入教育事业中，就会有漂泊感，无所寄托，职业倦怠越积越多，优秀也会消失殆尽。说到底，教育和幸福，是教师自己的事。"静下心来，受益的是学生，受益的是你身边的每一个人，而最终受益的是你自己。"

对被铃声绑架的教师来说，课堂只是课堂，学生只是学生。"一个老师觉得教育只是传授知识，心中就如一块巨石压迫着，还有什么快乐可言？"教师一旦拥有良好的状态，学校教育中到处都是动人的音符，课堂是集体演奏的地方，学生是忠实的听众，也是激情飞扬的演奏者。如此，学校的草草木木就都有灵魂的律动，处处风景迷人。教育需要教师拥有小孩玩耍时的天真，拥有博学者那样的渊博学问，而不是被赶来赶去的羊群。如果教师觉得自己是被"赶来赶去"的，那么他的教育生涯如北极漫长而严寒的冬天。这是多么痛苦呀？

教师应该是一个随性的演说家，有主题而不拘泥主题，有重心而不缺失辐射，有内容而又不会沉重。更为重要的是，教师不应该被铃声绑架，而应以良好的状态投入教育，有点脱离现实的书生气，又不固执己见。教师被铃声绑架，其实是教育被铃声绑架，这才是真正的可悲！

# 都是完美惹的祸

教育总是展示一幅完美的蓝图，但这蓝图往往只是随心点缀的草图。因为，这幅蓝图太多只是言辞上的描述，缺少真实意义的憧憬。海市蜃楼般的魅力，会让人展开无限的想象，又产生巨大的落差。一切都是完善惹的祸。生命的意义一旦被完美披挂，感动天感动地，却往往感动不了自己。王晓春老师劝诫说："家长和老师应该让学生从小就明白，追求完美是可以的，但是绝对完美并不存在，'十全十美'只是一种礼貌的赞扬语言，不可当真。"

用"完美"来形容和要求教育，都是对教育的不公正。因为，教育本身就存在这样那样的缺点，教育的主体实践者本身就不是完美的人。只要是人，就不存在完美。"完美"只是小说中的事。马斯诺说："小说家、诗人和散文家常犯的错误，是把一个好人写得过分好，以至于漫画化了，结果使大家都不愿意做这种人。人们把自己对完美的希望以及对自己缺点的罪恶感和羞愧，投射在各种各样的人物身上，普通人对他们的要求远比对自己的要求更多。因此，教师和牧师通常被认为是没有欢乐、没有世俗的欲望和弱点。"可教师也有私欲，也有弱点，这是人的本性，只是它需要适度的矫正，甚至掩饰。世上有哪个群体是完美的呢？教师不是，谁都不是。这是对人最为客观的评价，也是最为宽容的态度。因为，要求"完美"，就会产生苛刻的要求，就会对教育产生强烈的完美的希冀。这无疑会把教师与教育推到风口浪尖，然后横加指责。因为教师与教育不可能如人们想象的那么完美，反而是问题种种。存在问题，是有待改进的前提。事物的发展，需要问题的出现以得到进化。全社会需要共同努力，改变对教育中出现的问题不能容忍的情况。

社会对教育与教师过于高尚的期待，使教育与教师不堪重负，导致教育过程中出现这样那样的不合情理之事。因为完美也可以转嫁。家长对教育与教师的完美希冀，会转嫁到孩子身上。孩子却无处发泄，最终使教育沦陷于浮躁之中。因为完美的希冀，大家都处于恐惧之中，对完美徒唤奈何。面对完美，人人都成为自卑者。自卑，使人不是陷入沉沦，就是陷于浮躁，像滚动的车轮无法让自己真正静下心来。

"追求完美固然是一种积极的人生态度，但过分追求完美，又达不到完美，就必然产生浮躁或失落。过分追求完美往往不但得不到完美，反而变得毫无完美可言。"完美只是一种人生态度而不是行动纲领。但"完美"引发的浮躁已经成为全社会的痛病，因为没有人愿意平凡。事实上，绝大多数人就是平凡的。平凡不应该是贬义，更不应该让平凡越来越贬值。平凡就是人生，社会缺失对平凡的包容，也因此嫁祸于弱势的孩子与教育。我们应该清醒地认识到：追求完美是人最普遍的错误想法，不能简单地认为不完美便毫无价值。扪心自问：追求完美的过程中，我们除了会自怨自艾，还得到了什么？因为完美总躲着被要求"完美"的人。可是，教育与老师总在内疚与自责中，复制同样的错误与经历，一年又一年地重复着为之憔悴的完美情结，也因此感叹："一年不如一年！"也因此不断地对学生吹毛求疵，也使得自己或轻或重地染上强迫症，对一点点小事大为光火。

王晓春在《做一个聪明的老师》中说："有人问一位雕塑家雕塑的秘诀是什么，他回答：'这还不好办！你找来一块石料，把多余的东西去掉就行了！'人们把这种思想迁移到教育上，以为教育学生就是把他们身上的缺点统统去掉，于是他就完美了。这是很大的失误。"教师有时像只探头，一方面希冀学生是完美的，另一方面却时时拍下不甚完美的场景，然后尽力去修正它，因此而矛盾重重。教育可以适度的粗枝大叶，而绝不是"一屋不扫何以扫天下"那样的较真。没有人是完美的，何况是学生呢？教师反思一下自己的行为与思想，是不是也一样的存在问题呢？难道也要如此斤斤计较地，层层剥离自己吗？教育不是对不完美的大型手术，而是对学生以后进入社会、成为成年人的基本社会规范的约束与敬重。

教师总一厢情愿地想把学生的"多余部分"去掉，要培养完美的人，这是不可能完成教育的诺言，更是自我欺骗。没有人是教师想象之中的人，也没有学生会按照教师的要求，朝着"完美"去坚定实践。人都是个性的人。尊重个性。就是尊重差异，就是尊重人作为主体而存在的种种可以接受的无限可能性。教师们可曾反思过，心中种植着完美的种子，可是每一次的发芽总是那样的弱不禁风，教师内心的抓狂是不是让自己心神不宁？何苦这样自我折磨呢？教育是人性化的工作，它以人性为前提，容纳人性的各种与生俱来的特征，并且进行适度的保护。因为人性是不可磨灭的，任何对人生的无礼都非真正的教育。当然，教育的前提，是培养合格的公民，以及作为合格公民而进行的基本素质教育。

不能单纯地认为，追求完美是一种积极的人生态度。既然没有完美，我们就不能把完美作为选择的标准。"一个人，或者一种理念被寄予的魅力越多，现实中可能造成的对问题的遮蔽也就越大。理想之教育蓝图一旦被现实化，可能是最好的，也可能是最坏的。对完美的追求有时候也是一种病。一件事情，从好到坏，有时只有一步之遥；

而且，从辩证的视角看待，一件好的事情之中，又何尝不内含通向不好的可能性呢?"追求完美，没有路可走。我们不能因为追求完美是每一个人的向往，就随意强迫教育、教师、学生去成为完美。我们都不是完美的，可是我们需要真实的存在。真实总会有不尽人意的一面，可它却存在着。存在就是意义本身，别无他意。

# 容忍烦恼

烦恼是个充气球，越压越易破。一名普通教师，烦恼自然不断，因为教育工作很多时候就是一团乱麻。烦恼常常是剪不断，理还乱。其实，烦恼本身就是一种境遇的情绪。只是，很多人习惯把"开心"视为正能量，把"烦恼"视为负能量，总梦想把烦恼"赶尽杀绝"。但烦恼能杀绝吗？

生活中任何一种情绪都是它的本色，是人类的偏爱，才视烦恼为"烦恼"。人们总想对烦恼来个恰当的定义，结果只是徒生烦恼。人类似乎染上了获得性免疫缺陷症，对开心的事熟视无睹，对烦恼却如坐针毡，使烦恼折磨人类时那样的"随心所欲"。

没有烦恼的工作，就不具有任何挑战的意义。或许，没有烦恼的工作，本身就是身处其境的人最大的烦恼。从教二十多年，烦恼就是一条逻辑斯谛曲线，随着教龄的增长而增长，这几年似乎趋于稳定。这些烦恼并没有减少，只是不再能让人心猿意马，成为生活本身就应该存在的一部分。苏霍姆林斯所说："只要把那一沓沓待批改的练习本看上一眼，没有一个教师不为之寒心的。这倒不单是因为要付出好多个小时的劳动，而令人烦恼的是这种劳动是那么的单调乏味，没有创造性。"那一摞摞堆积如山的作业本，我肯定没有老师会快乐去批改，但我相信会有许多教师努力去完成它，因为它是一种责任。即使这种责任，带来了烦恼甚至恐惧。

有些教师很有幸福感。但这种幸福绝不是纯粹现实的，它更多是一种精神意义的幸福。许多幸福源于收获结果，而不是过程之中。教育幸福本身就是一种滞后的回报，教育过程烦恼不断，解决烦恼换来一时短暂的平静，又将面对新的烦恼。"年年岁岁生不同，岁岁年年烦相似"，这就是教师要面对的多变又单调的职业生活。教师最大的烦恼，就是面对那些可爱又讨厌的孩子，感觉自己力不从心，责备自己不能教好孩子。这样的烦恼，消耗了教师大量的精神和时间。人生最大的哲理不是去思考什么，而是去如何生活。对教师来说，真正需要关注的问题，就是如何去教育孩子，而不是如何自责教得不尽人意。

我们把太多的精力和思考，放在"为什么教不会所有的学生"的烦恼之中，而不是都放在可贵的教上。尽管"为什么教不会所有学生"是有良知的教师有良知的思考，但也是一种隐性的巨大浪费。教师或许不应该太在意自己的天空有多大，但应该关注自己的天空有多蓝。老师也是普通人，真的没有那么多本事，让所有的学生都能学好；能让大多数学生学会，就已经是很不错的教师了。教不会所有的学生，绝不是放弃学生，老师除了教会学生知识，更重要的是教会学生如何做人。老师的职责是尽自己努力去教去育，而不应该为没有完成理想中的完美就烦恼不安。

许宜铭在《活出自己：让生命拥有一切可能》中说："烦恼是无法被断的。唯有觉醒，勇敢地面对这些烦恼和伤害，穿越这些伤害之后，才能达到我们生命潜能的深处，无限自在的地方。"教育中的烦恼不可能断绝。越是优秀的教师，良知的触发使得他深陷于更多的烦恼之中。教育中，很少有教师仅依靠人格魅力与学识，就能打动学生的心灵。更多时候，需要教师亲力亲为，甚至"呕心沥血"，才能换来学生些许的触动。面对着屡教不改的学生，烦恼自然而生，这是人之常情。教师烦恼的根源是什么？表面是学生，其实是教师自己。因为，很多教师具有强烈的控制欲，希望学生都能在自己的掌控之下，成为一个完美的人。教师要警惕自己这样的想法。只要是人，就不可能是自己想象中的人。没有一个是别人心目中的人，学生自然也是如此。培根说："要管得住自己，而不是管别人。"教师的大半烦恼，源自天生就有管理学生的激情和强烈欲望，所以教师要先管住自己的想象。越是对烦恼的事情念念不忘，越是重视它，就越不能摆脱它的束缚和控制。只有让它自己"觉得"自己什么也不是时，才更容易摆脱它的控制。

教师不要过度按照理想中的教育去对比自己，要求自己。绚丽并不一定是风景，自己喜欢的才是。我们习惯按别人的要求做给别人看，却不习惯按照自己力所能及来欣赏。这会使得我们烦恼不堪。我们应该容忍烦恼的存在，容忍自己的烦恼。就是肯定它的存在，不去否定，不去过度驱逐，不去过度思考，不去过度焦虑，不让它酝酿更深层次的烦恼。每一位教师只要力所能及做好自己能做到的事，就是优秀的教师。教育的快乐来自教师的内省，而不能仅靠外界的赐予。

# 学会"做一个幸福的老师"

教育是神圣的，学习是快乐的，交织而成的校园应该充满着幸福的声音。诺丁斯却说："幸福与教育不在一块儿！"许多时候，师生关系犹如仓央嘉措诗歌描述的那样："互相用眼睛煮着对方，谁能把谁放下！"不幸福的教育生活，对学生来说，是漫长的折磨；对教师来说，更是一辈子的痛苦。每一个人都应该认识到，个人能改善的是自己，外界很难改变。有人看到"日落西山"，心情沉重在即将消逝的生命中；有人却觉得"夕阳无限好"，也悟到了生命的美。夕阳让人有遗憾，有留恋，不是因为有遗憾和留恋，才更加觉得生命需要珍惜吗？在这个功利化的社会里，人们强调了太多的客观因素，总抱着客观因素不放，为自己的不幸寻找理由，这难道不是抱薪救火吗？其实，任何外界因素引起的幸福，都是短暂的，或者说是刺激性的。不管是刺激的消失，还是刺激的持久，幸福都会荡然无存。叔本华说："事实上，有时财富反而妨碍幸福，因为保存财富常常带来许多不可避免的悬念。只要稍微考察一下就知道，人类幸福有两种敌人，痛苦与厌倦。"只有内心种植着幸福，幸福之树才会开花结果，且生生不息。幸福绝非轻易可以获得，不可能在其他地方找到，只有在我们自身中才能发现。

做一个幸福的老师，需要学习。幸福来源于精神的成长，不是物质的刺激，而精神的成长离不开学习。教师更应该注重学习，在学习中体味到快乐，在快乐中滋生幸福。有人会说，教师每天都在认真学习。其实并非如此。学习是感受到自身某种匮乏而产生的迫切的行动。

这样的学习，才会是快乐的，如久旱遇甘露，新的生命随之而萌发。卢梭说："一方面他生来就有谋求幸福的欲望，另一方面又不能充分满足这种欲望，所以，他不得不持续不断地寻求满足他的欲望的新的方法。这就是好奇心的第一本原。这个本原，是自然而然地产生在心中的，但它的发展，必须与我们的欲望和知识成比例的。"教育生活中，如果教师感受到自己的匮乏，因此产生动力去强烈地学习，获得了新的知识或认识，这才是真正因精神满足而产生的幸福。这样，学无止境，幸福也无止境。

做一个幸福的老师，要能够关爱学生。教育中，幸福不是创造，而是克隆。只有教师的幸福，才能克隆出学生的幸福。我们很难想象不幸福的教师，能给学生带来什么幸福。所以，教师的幸福不仅是情感体验，更是责任。教学大纲和教科书中，只规定了学生必须学习的各种显性知识，却没有给予学生最重要的东西，这就是：幸福。这需要幸福的老师酿造幸福的甘露，洒向每一位学生。做一个幸福的老师，必须要关爱学生。因为，关爱学生的老师，才是幸福的，是老师一辈子的幸福。关爱学生，是教师幸福的源泉，在滋润学生心田的同时，也丰盈了教师自己。失败的教师，原因有许多。成功的教师，原因只有一个，心怀对学生的关爱。播种幸福的过程，是一种等待，但不能焦急。或许因为焦急，才觉得幸福离我们遥远。教师的幸福不是直接获得的，而是经过漫长的等待而来的。教师的幸福更趋向于培养幸福的学生。教师能够传递幸福，而不是消费幸福，更不能让学生的幸福浪费在教师之中。关爱学生，并不是放纵学生，有时也需要"严厉的爱"。

做一个幸福的老师，要学会享受闲暇。"幸福存在于闲暇中。"可是对教师来说，最为缺少的就是闲暇。"睁眼的时间"都忙碌着，"闭眼的时间"被打扰着。仔细想想却什么事也没有做，沉淀的精神财富少之又少。教师每天都应该有闲暇的时间。这个时间不仅用于休息，更用于阅读、反思。没有阅读，会使自己的视野日益缩小。没有反思，就可能形成自己独特的思想。从某种意义上讲，"闲暇产生思想。"有自己的思想，才有幸福的人生。因为有自己的思想，才能不随波逐流，才能客观地了解自己，才能调节自己的心境，才能做到"人生如梦，但我们要清醒。"有时，教育生活给教师带来痛苦的内因，就是没有自己的思想，不能控制自己的欲望。忙碌时不能控制节奏，空闲时不知如何安排。久而久之，就失去对忙碌和空闲的调配，使自己的教育生活杂乱无章，那还有什么幸福可言？

做一个幸福的老师，要熟练驾驭课堂。驾驭课堂并不是控制课堂，把课堂控制得死死的，完全按照教师的预设走完每一步。教育是有方向的能动。罗祖兵认为："种种教学规律严重限制了老师的能动空间，限制了老师的职业理想，限制了老师的教学自由。老师感觉到的是工作与生活的分离，是身与心的分离，是自我与他人的分离，是强求一致的痛苦。律规性教学不但没有给老师带来幸福，反而剥夺了老师的幸福。"这指出了教师被课堂束缚的无奈，甚至被剥夺了幸福。所以，做一个幸福的老师，必须善于驾驭课堂，使自己感受到幸福的课堂教学。怎么样的课堂才是老师驾驭的？才是幸福的课堂生活？师生才是幸福的呢？一是老师讲的，学生愿听乐听，甚至渴望听这个老师的课。二是有机会让学生讲，教师有机会成为课堂的倾听者，一位耐心的倾听者。虽然看上去很简单，真正做到却很难。有时，教育并不是失败在大道理上，而是失足在小道理上。"你的课学生乐于听吗？"如果回答"是"，你就是一位幸福的老师。"你会成为学生的倾听者吗？"如果回答"是"，你的学生就是幸福的学生。乐教，乐学，对师生双方来说是一种幸福。这种幸福之感能够实现不断的良性循环。因为，这样的课堂上，师生都在尽力地"表现自己"。这种表现自己，不是显摆，而是尽情、真情地流露。苏霍姆林斯基说："人的充分的表现，这既是社会的幸福，也是个人的幸福。"

做一个幸福的老师，不仅是作为教师的自身需要，也是学生的需要。在教育生活中，做一个幸福的老师，更是教师的责任。因为只有幸福的老师，才会有幸福的校园，才会有幸福的学生，才能让诺丁斯不再说："幸福与教育不在一块儿！"

# 教师，还是要多读书

我们倡导读书，首先就是以读书的方式，与现实保持恰当的距离，坚持内心的安宁和从容，不被现实牵着鼻子走。这直接关系到我们的职业幸福。整天埋怨职业的单调、工作的烦琐和学生的问题，怨气和戾气就会控制我们的精神，占据我们的心灵，我们的职业幸福就无从谈起，我们会长时间生活在埋怨和迷茫之中。苏州留园有一副楹联，上联是："读书取正，读易取变，读骚取幽，读庄取达，读汉文取坚，最有味卷中岁月。"读书，是为了丰富心灵世界，建立精神生活，体验有味岁月，消除我们的职业倦怠和生活焦虑。

教师读书的第二层意义，就是以自己的学识品行影响学生。罗伯特·西奥迪尼《影响力》中指出："影响力是用一种别人所乐于接受的方式，改变他人的思想和行动的能力。"教师对学生的影响力，主要体现在品格、才能、知识、情感等因素。我们说，教育不仅是灌给学生一桶水，更是点燃学生一把火。教育给学生心灵关怀和精神成长，教学给学生知识文化和职业技能。因此，无论教育和教学，教师首先要以精神魅力和文化魅力去深深吸引学生。精神魅力和文化魅力，来自教师的广泛阅读，对知识的如数家珍，对文化的左右逢源，对课堂问题处理的行云流水，也来自以宽厚的胸怀善待学生，来自以快乐的情绪感染学生。学生觉得你这个教师知识广博，有文化吸引力，才会接纳你；学生觉得你生活有精神品位，才逐渐接受你的正面影响，甚至一辈子怀念你的课堂风采和生活细节，怀念你的豁达乐观，怀念你的精神饱满；学生会把你的读书生活和精神世界联系起来，体悟到读书的意义、学习的意义。一个愁眉苦脸、情绪低落、知识储备不足的老师，无论如何都不能吸引学生，鼓动学生。

读书，能使教师不断增长职业智慧，能使教师的教育和教学闪耀睿智的光芒，让教育和教学充满创造的快乐。教师多阅读，多思考，就能在课堂上激发学生的学习热情，点燃学生的智慧火花。只有当教师把自己的智慧，自己的思想，自己的思考，自己的快乐，一一展示给学生，我们的课堂才会呈现生机，学生才能学会学习，学会思考，学会创造。

教师读书的第三层意义，就是以自己的身教，培养学生的读书习惯。培根《论读书》中说："读史使人明智，读诗使人聪慧，演算使人精密，哲理使人深刻，道德使人有修养，逻辑修辞使人善辩。"长期读书，能够养静气，去燥气；养雅气，去俗气；养才气，去迂气；养朝气，去暮气；养锐气，去惰气；养大气，去小气；养正气，去邪气；养胆气，去怯气……读书对增加学识、开阔视野、滋养心情、培育灵魂的意义，无须多说；对改变人生活和思想的功能，也无须多说。美国社会学家埃文斯调查了 27 个国家 7 万多个家庭，得出结论：成长在有藏书 500 本的家庭里，会使一个孩子比成长在没有藏书的类似家庭里，平均多受 3.2 年的教育；家中藏书丰富的孩子，比家中没有藏书的孩子，完成大学学业的可能性高 19%。

荷兰哲学家皮尔森说："'文化'这个术语与其说是名词，不如说是动词。"他认为，"文化是一个学习过程"，"所有的文化，即使是最原始民族的文化也不例外，都可以看作是人对周围力量施加影响的方式。"教师不断读书，不断修炼，逐步有一点钱钟书先生那种"进得去，出得来，提得起，放得下"的睿智和"站得高，望得远，看得透，撒得开，灵心慧眼，明辨深思"的渊博，具备一些"热爱人生而超然物外，洞达世情而不染一尘，水晶般的透明与坚实"的生命质地，逐渐形成自己的文化魅力和人格魅力。当一个学校里，一群教师在兴致勃勃读书时，就会形成学校自己真正的文化，不断培养一代又一代学生的读书习惯；学校也就能能深深吸引学生，并被学生长久怀念。

因此，读书是教师最好的备课，最生动的教材，最高的职业素养；书卷气是一个人最好的气质，书香气是一个校园最好的氛围。

# 追求"不完美"的专业成长之路

于漪老师说:"我当了一辈子的老师,我一辈子学做教师,我上了一辈子的课,我上了一辈子遗憾的课。"遗憾是什么?遗憾就是一种不完美,遗憾是对上升空间的追求。没有一个人没有遗憾,遗憾才是真正的美。教师在专业成长之路上行走时,因为有许多类似于漪老师的"遗憾",才使得教育生涯丰富多彩。"唯有不完美,才是有趣的"。可是,许多教师并不是这样认为。他们因为有"遗憾"而耿耿于怀,因为没有发现遗憾就是一种美,更没有真正洞悉遗憾才使得教育更为精彩的卓见,所以深陷"完美"的陷阱中,不可自拔。

教师专业成长路上,完美与现实的选择会扼住教师的喉咙。可是,不作出选择,教师就无法真正面对教育。这便是教师面临的两难境地。现实并没有给教师一个"完美"的机会,那么教师必须在众多"不完美"中选择一个"相对完美"。现实也没有给教师一个全面发展的机会,那么教师必须在"可能发展"中选择一个"相对发展"。在"完美"与"现实"之间,也必须有一个限制,限制过度完美,限制过度现实。教育应该是架在"现实"与"完美"之间的蓝图,教师专业发展也应该如此。在"完美"之前选择"相对完美",在"全面发展"之前选择"可能性发展",可称之为"选择性完美"。对"完美"有选择的限制,是因为人不可能真正实现全面发展,也不能事事尽美。可能性发展本身就包含一种宽容,对自己的宽容。而且,一个教师绝不是处处皆优而成为优秀,而是因为在某一领域有特定才能而成为卓越。

教育本来是很有活力的工作,可是许多教师总会感觉到疲惫不堪。如果认为教育是体力活，教师干累了，可教育明显不是体力活，虽然也需要一定的体力。如果认为教育是脑力活，教师干累了，教师的许多工作又带有重复性。其实，教师是被精神拖累的，或者说，是被追求完美的执着给惹的。"追求完美"会造成心灵的无聊，可能许多人不相信。教师执着追求完美，就是为了放弃不完美。放弃不完美，就是放弃有趣。拉斯·史文德森说："我们所生活的乌托邦几乎能满足一切需求，这个乌托邦什么也不缺，只缺意义。当我们寻求意义时，乌托邦就开始瓦解了。"教师专业成长的完美，就是一种教育的乌托邦。它什么都不缺，就是缺少教育真谛的探寻和升华。专业成长之路上，没有十全十美，只有"抱残守缺"。就是这种"残"与"缺"，营造了一幅幅生动而又令人心醉的教育画卷。

　　"身处完美的世界，人怎么能避免无聊呢?"教师追求完美的教育，犹如追求完美的世界，怎么能不无聊? 怎么能不累? 体力上的累，通过睡眠可以消除。脑子的累，通过休闲可以减轻。教师却时时处于亢奋而又浮躁的状态，怎么能平静自己? 教师专业成长之路应该有所舍弃，这是聚焦和解决主要问题的需要，也是静净心灵的需要。教师要与心灵对话。与心灵的对话需要恬静，要能倾听。扪心自问，现在的教师还有多少静净之心? 追求完美，本质上就是一种浮躁的体现，世界上本没有完美之事。追求完美必然会出现这样的情景：对自己总不满意，然后，把这种不满意转嫁给学生，对学生、对自己总是挑三拣四，看谁都不舒服，焦虑了自己，也折磨着学生。如果教师本身就是一个完美主义者，与学生相处时，必然下意识要求完美。可是学生并不是完美的，也很难达到教师所设定的完美。其实结果，就可想而知。从某种意义上讲，教给学生一个完美的思想，就是给学生一个可悲的人生!

卢梭说："不要在教天真无邪的孩子分辨善恶的时候，自己就充当了引诱的魔鬼。"被完美怂恿的教育，其实充满着恐惧。因为完美不仅是一种追求，更是一种要求。"完美"下达各种要求各种命令时，谁又能承受呢！教师专业发展，不仅是提升教师自身素质，更是学会与学生和谐相处。教师的专业发展，是为了更好地与学生相处，更好地服务学生；在此基础上，实现教师的专业价值。教师专业能力的提高，专业精神的培育，都是为了实现这个目的。再优秀的教师，如果不能与学生相处融洽，那必然是失败的。可是教师专业培养中，不管是组织方，还是教师自己，往往忽视这一点。

教师在专业成长之路上，为了追求完美，生怕浪费时间，不愿意停下来，这就是一种焦虑。瑞士斯沃琪集团创始人尼古拉斯·海耶克说："你的时间的确需要规则，但永远不要百分之百地规划它。如果那样的话，你会扼杀了自己的创造性。"许多时候，"浪费"本身其实是一种休养，只有休养，才能生息。可是，许多教师习惯以时间为先锋，以精神为保证，一副拼命三郎的样子。这又能坚持多久呢？"不让自己累着"，是明智的选择，是以退为进的智慧，是教师专业发展中不可缺少的。

最高的技巧就是没有技巧，大巧若拙。教师在追求完美的专业成长之路上，其实就是在追求一种技巧：如何通过某种手段，能在最短时间内，达到最明显的效果。这个效果，许多时候表现在分数上。教师专业成长中，教师一直在模仿和追求以最有效的方式来控制学生的技巧，哪怕某些技巧明显是反教育的。但是，教育不应该是技巧活，而是心灵的交流。专业成长之路上，当然有许多学习的内容，可是学习的关键是学习思维，而不是技巧，因为技巧并不带有普遍性。某一教育技艺，用在这种情况下是正确的，用在另一种情况下可能不起作用，用在第三种情况下甚至是荒谬的。所以，专业成长路上，集众之所长也并非是完美，适合自己的才是最好的。

　　挪威卑尔根大学哲学系副教授拉斯·史文德森说："选择之所以重要，是因为我们不可能有无限的选择。选择性越多，可能性越多，每个选择变得不那么有意义了。周围是无数可供选择的'有趣'的事物，这些事物也难免被抛弃的命运，体现不出丝毫的价值。就此而言，长生不死可能是极度无聊的，因为长生不死也就意味着无数的选择。"教师专业成长之路上会遇到无数风景，它们每一处都很诱人。很多教师都想据为己有，使其成为专业成长之路上的亮丽风景线。可是，这么多风景，又能形成怎样的风景呢？美绝不是美的简单的结合，优秀的人也绝不是所有优秀品质的简单相加。学生也会害怕"完美"的教师，教师有点小缺点反而让学生更为亲近。可是，许多教师并不是这样认为，他们想成为教科研的领头羊，教学的能手，教育的智囊，学校的管理者……教师并不是不需要这些，但绝大多数的教师很难处处于平衡，齐头并进。"什么都会"与"什么都不会"，本质上没有差异。教师只能选择最适合自己的路。别人的风景永远只是别人的，自己的风景才是自己的。教师在专业成长路上，要学会放弃，敢于放弃。这是一种更为实际、更为科学、更为合理的追求。学会放弃是教育哲学，也是一种教育智慧。可以说，学会了放弃，有助于我们在专业发展路上成为大赢家。因为方向找到了，就是一个成功的开始，而好的开始是成功的一半。

　　教师从事教育，没有彩排，每一天都是现场直播。既然是现场直播，就要允许有瑕疵。教师专业成长的完美选择，本质上是在追求他人的足迹，而非自己的足迹。"除了本质，你不要把他人的例子作为你的指南。"这就是告诫世人要有自己的东西。有人问一位雕塑家雕塑的秘诀是什么，他回答："这还不好办！你找来一块石料，把多余的东西去掉就行了！"人们把这种思想迁移到教育中来，以为在追求专业成长的路就是把他们身上的缺点统统去掉，于是他就完美了。这是很大的误解。教师专业成长最大的美就是在于自己，自己才是美的发源地。只有自己的不完美，才能成就精彩的教育人生。

# 尊重自己的教学勇气

帕尔默在《教学勇气》一书中说道："当你如许多教师那样热爱你的工作，摆脱困境的唯一途径是深入地了解教学。面对教学中的困惑，我们须知难而进而非逃避，对其更好的理解和更得体地协调，不仅仅是为了守护自己的灵魂，更是为了爱护学生的心灵。"教师要有雪松精神，大雪可以暂时压弯它的树枝，但阻止不了它生长的激情，因为它有一种高昂的精神和不屈的勇气。教学勇气是教师的"绿水青山"，教学勇气在，教育的可持续发展就在。

教育改革总会遇到这样那样的阻碍，其中最为隐性的阻力，就是来自教师。可以说，任何教育改革如果没有得到教师发自内心的支持，必然步履维艰。日积月累的惯性，既是教学的原动力，也可能成为"日出而作，日落而息"陀螺式的阻力，看似高速旋转却寸步不前。在徒劳的"高速旋转"过程中，教师并不是不想改变，也不是对教育改革反感。教师更多时候是一种恐惧，尽管在恐惧的同时，教师也会对新事物产生新奇，可不经意间又陷入随波逐流之中。

随波逐流，是思想上的囚禁。教师并不缺少思想，而是缺少对自己思想的足够尊重。"人云亦云"浇灭了许多思想的火花。尊重自己的思想，才能使自己成为有丰富思想的人。这就如应试教育并不可怕，可怕的是应试教育制造一批又一批没有思想的师生。应试教育本身并没有过错，错是应试教育囚禁了师生的思想，这才是教育的悲歌！

有思想，并付之以行动，可能与周围格格不入。但这是高贵的教学勇气。教学勇气并不是蛮力，而是以思想为火炬，照亮自己力所能及的地方，特别是课堂上。教师的主阵地是课堂，没有思想的课堂，就是对教育的阉割。教学勇气更不是没有原则地与道德冲突，教学勇气是一种原生态的和谐交融。如果说教育是一片蓝天，那么教学勇气就是那些星星。白天看不到星星，但是它们形影相随，会在某个深夜让人陶醉。

教学勇气，要摒弃勇士式的争斗，因为教育本身就是祥和的。教学勇气更多是一种坚持，尊重自己的思想，并相信它是可行的。挫折，恐怕，寂寞，烦恼，快乐，都是成长需要的肥沃土壤。勇气并不是要搞垮自己，也不是让自己伤痕累累，而是为了使自己更为强壮。勇气不是外泄，而是一种内涵，一种由内而外的感化。

和谐的生态系统中，不是没有冲突。和谐是冲突后的平衡，是每一种生物生存勇气的较量。和谐不是没有淘汰，优胜劣汰也是一种大自然的和谐。和谐也需要发展，不发展就会有出局。教育也是一种特殊的生态，有着保守的力量，同时也孕育着新的生命。教师要随时准备迎接各种力量的挑战，而最大的挑战者就是教师自己。教师总在不经意间忘记了自己，和自己的初心。"真正好的教学不能降低到技术层面，真正好的教学来自教师的自身认同与自身完整。"教师的可悲之处是做着做着就失去了自己，使自己成为一台复印机，每天复印同样的东西，且乐此不疲。

每一位刚走上讲台的老师都有一颗纯真的初心，但走着走着就失去了初心。这看似成熟了，其实是圆滑了。坚守是最好的素质。坚守是孤独的，而孤独本身却是一种智慧。挫折会有伤害，只有伤害才会产生"愈伤组织"，才会孕育新生命。教师要有勇气面对恐惧，恐惧来自不足，但会让人激情万丈，因为战胜恐惧会带来快乐。教师要有勇气面对烦恼，烦恼会激发人反思，反思生顿悟，顿悟是智慧之花。

教师要有勇气面对寂寞，寂寞不是深沉的静寂，它是思考需要的那种看似恬静的"内涌外静"。教师要有勇气面对快乐，快乐教学不是一种境界，而是责任，教育不应该是悲壮的；只有快乐才能传递快乐，校园中应该充满着欢声笑语，教师的快乐就是快乐教育的驱动程序。

教学勇气是春雷，会带来惊慌，更会滋养生命，万物因它而唤醒。教学勇气是智慧，是教师的反思精神，它不是好狠斗勇，它是平静中积聚的力量。外化的知识只是一种积累，教学勇气才是胆识和见识的体现。缺少知识可以通过学习补充。缺少胆识和见识，即教学勇气，那就是基因中的缺陷，他可能会成为勤奋的老师，但不会成为有思想的老师。

尊重自己的教学勇气，才有勇气去面对改革，不惧改革中的气象万千，也不随波逐流。尊重自己的教学勇气，才有勇气去表达自己的观点，沉默不是金，隐匿的思想只是一种想法，表达出来的才是真正的思想，不要被"沉默是金"欺骗，没有内涵的滔滔不绝是苍白的，没有外化的内涵也是一种徒劳。尊重自己的教学勇气，才有勇气去面对和挑战应试教育，教师没有任何理由，把学生折磨成一块块只有知识聚积而没有智慧开启的压缩饼干。

尊重自己的教学勇气吧，它开启的不仅是囚禁自己的枷锁，更是教育智慧的大门。用心去教育，而不是用力。如果感到教育很累，那是因为没有打开教育智慧的大门。只有思想才能唤醒"教育的酶"，它会大大降低活化能，真正催化教育的活力。

# 做好教师需要静下心来

一个木匠在干活的时候，一不小心将心爱的手表丢失了。他一面抱怨自己倒霉，一面在满是木屑的房间寻找，可找了好久也没找到。几个伙伴与他一起找，还是没有找到。这些人去吃午饭时，木匠的孩子独自走进了寂静的厂房。不一会工夫，孩子居然找到手表了。木匠又高兴又惊奇地问孩子："你是怎么找到的？"小孩回答说："我就是静静地坐在地上。刚刚换了两个地方，我就听到'滴答！滴答！'的声音，很快就知道手表在哪里了。"

心躁使众人劳而无功，心静助孩子马到成功。"木匠"是一个具体行为的人，是各个行业中忙碌的人。"心爱的手表"是人的本真，人一旦失去它也是失去了自我。"木屑"是繁杂或诱惑，它扰乱了视线，使人迷失了方向。"伙伴"是一群同样忙碌而迷失方向的人。"小孩"才是纯真的人，是用静心去探索世界的人。"滴答"是事物的本来面目，但在繁杂或诱惑面前会遁失。

许多人梦想在这个繁杂的世界里追寻一个安静的外部环境，或者埋怨没有一个平静的世外桃源。其实，外部环境只是一个诱因，关键还是自身内在的心境。我们需要静心、平和地观察世界，分析问题，最终得到人生的真谛。吴非在《不跪着教书》中说："世上唯一可以'静'的，可能只有个人的心境。"当个人的心境都无法静的时候，还有什么是静的呢？一个安静的环境，在心猿意马的人面前，同样是一个繁杂的世界，令他忐忑不安甚至寝食难安。

高铁在疾驰，轨道却是静态。只有静态才能支撑高速的运动。教育本身是运动的，但需要一群静心的教师引导方向。"静"是研究型教师必须具有的素养。发现问题，解决矛盾，反思总结，升华思想，都离不开"静心"。学生是好动的，不管是行为还是心理。教师应该是一个研究者，教需要"静"来展示，研究更需要"静"来观察。没有静的思想是肤浅的，且往往会迷失方向。只有静的思考，才能在冷静的催化下得到升华。

尼采说："最平静的言语往往是狂飙的先声；静悄悄而来的思想，领导了这个世界。"教师更应该具有静心。静是一种期待的美。没有一颗平静的心，教育的节奏就会被噪音所吞噬，生活在其中的人，听不到温和的乐章，相反时时被某种不安所包围。教育没有瞬间的功劳，只是一种未来的功德。平和的流水才能滋润土地，湍急的河水只能是一场灾难。教师要用最平静的语言去感化、感动学生，呵斥偶尔可用，但绝不能成为教育的主要手段。许多时候，呵斥只能暂时熄灭问题，熄灭的问题可能是一座休眠的火山。表面上，教育最有效的手段是压制，却不会根本性地改变学生。教师静心，才能平和地与学生交流，才能获得学生最真实的想法，才能解决问题。

"教育是慢的艺术"。"慢"与"静"是一对孪生兄妹。当今教育过于急功近利，教师尤其要矢志不渝地坚守"教育是慢的艺术"。慢离不开静的相伴。慢是一种期待，静是内涵的折射，使教师尽可能少地受到外界各种因素的干扰，而投身于教育事业中。教育生态具有特殊性，虽然它是整个社会的一部分，却为社会输送各种人才。教育生态有不同于社会环境的要素，是为未来的人做准备，有别于成人教育。未来的人不仅需要知识的武装，也离不开理想的滋养。教师作为教育生态中重要的一员，要必须用"慢的艺术"去呵护、滋养那些幼小的心灵。

静并不是外部环境的因素，它是教师内在的平和，是一种面对各种问题的态度。教育生态不可能是一个寂静的夜晚，它是清晨鸟儿们的乐园。熟睡的人视鸟鸣猿啼为烦躁，早起的人却聆听鸟语花香。熟睡的人，看似静的，却是麻木的。早起的来看似动的，却是安详的。教师一旦静心，就会无比强大。于丹说："一个人有了仁义的胸怀，他的内心无比仁厚、宽和，可以忽略很多细节不计较，可以不纠缠于小的得失。只有这样的人，才能真正做到内心安静、坦然。"

教育是琐碎的，有着太多的"木屑"。要应付的各种检查，要完成的教学任务，要准备的职称评定条件等等，足够让许多教师如坐针毡，有几人能用心去聆听教育的"滴答"声？教育的风筝能飞多远，要看手中的线。这根手中的线，就是教师内心的愿望。这个愿望，需要"静"来持之以恒，否则就会在一次次的冲动中消失。

做好教师要静下心来，但"静"绝对不是冷漠，而是静中有热，对学生有一颗温暖的心，对教育事业有一颗火热的心。它是适度的理智，是为了保持一颗纯真的教育心。王晓春说："理智过火也不行，如果教师分析学生问题时，无休止的冷静到了解剖青蛙的程度，恐怕也有问题。因为人不是青蛙，人是有感情的，学生绝不会喜欢过于冷静的教师。"

# 做一个"迟钝"的老师

老子有言："大音希声，大象无形。"苏轼也曾说："大勇若怯，大智若愚。"渡边在《钝感力》中认为，钝感就是一种才能，一种能让人们的才华开花结果、发扬光大的力量；钝感力作为一种为人处世的态度及人生智慧，相比激进、张扬、刚硬而言，更易在目前竞争激烈、节奏飞快、关系复杂的现代社会中生存，也更易取得成功，并能同时求得自身内心的平衡及与他人、社会的和谐相处。"大象无形""大智若愚""钝感力"三者如出一辙，它是太极，似无招胜有招，似无力胜有力。可是大多数人，都在尽力展示自己聪慧的一面，正如孔雀开屏，用最华丽的羽毛来掩饰最丑陋的地方。敏感的人，生怕别人知晓自己缺点的人，就把自己的缺点视为秘密，尽力地掩饰起来。因此，敏感的人一定是很容易受伤的人。

袁志在《我看人生》中说："多思是优点，但多心则是缺点；怀疑并非全无必要，但猜疑则是越少越好；敏感是需要称赞的，但过分敏感则会使人脆弱。"教师需要一定的敏感性，但这种敏感性是出于关爱学生的需要，觉察学生的生理和心理上的细微变化，而不是一种监控。但事实上，教师的敏感往往用在监控上，而不是真正关爱学生。敏感的教师会令学生感到反感，因为他是悬在学生头顶的摄像头，谁愿意时时刻刻被一双眼睛盯着呢？教师的神经大多脆弱，因为过于敏感，教师总担心学生会发生什么事情。防患于未然的意识是必要的，可是当这种意识成为一种常态时，它又是可怕的：笼罩在"患"的意识，让每一根神经越来越脆弱。而脆弱的另一层意思，正是"敏感"
走向"负面"的写照。

一个容易受伤的人，必定是一个过于敏感的人，因为敏感的人是
脆弱的。过于敏感的人，心理压力会加大，每天生活在患得患失之中。
这对自己何尝不是一种伤害呢？过于敏感的人，一定过度关注细节。
有人说"教育无小事"，可事实上，许多教育就是小事。对待教育问题，
教师不能拿放大镜来观察，不能用"一屋不扫何以扫天下"的视角去
对待教育小事，该迟钝时就迟钝。教师每天生活在"小事化大"之中，
对自己何尝不是一种折磨呢？过于敏感的人，一定是非常看重他人评
价的人。学生一句伤害的话，会让许多教师会气个半死，甚至会带进
今后的教育中。这不仅是对学生的伤害，对自己更是一种贬低。过于
敏感的人，一定是过度在乎成败。但作为教师，"成"又如何，"败"
又如何？从某种意义上讲，教师的成败，更多取决于学生的认同和评
价。如果每一件事都以"成败"来衡量，教师会生活得很苦。因为教
育的成功，来自学生未来的肯定，而不是当下的分数。但许多教师，
事实上已经沦陷为分数的奴隶，而漠视对学生的真正教育，这对自己
何尝不是一种亵渎呢？

教师缺少的不是敏感，而是渡边提倡的"钝感力"。"钝感力"真
的是一种非常可贵的能力。可是，这种能力并没有得到教育界的重视，
反而一直受到排斥。许多人不会乐意自己做一个迟钝的人，虽然许多
时候，迟钝就是一种保护的力量，保护学生，也保护教师自身。马克
斯·范梅南在《教学机智——教育智慧的意蕴》中说："机智也包含
一种这样的敏感性，知道什么该随其自然，什么该保持沉默，何时不
介入，何时'不注意'什么。"范梅南在表达这样一种观点：敏感本
身也是一种迟钝，而迟钝也是一种敏感，随其自然是一种迟钝，保持

沉默是一种迟钝，不介入是一种迟钝，可是何时表达这种迟钝的本身又是一种敏感。

做一个"迟钝"的老师，用"迟钝"保护自己和学生。威廉·古德温在《关于人的思考》中说："一般情况下，我们都相当理智、温顺，但这并不是说我们总是那么靠得住。我可以和一个疯子促膝长谈数小时，他也能做到谈吐清楚，举止得体，就像其他未得此病的人一般。可一旦触及敏感话题，未等你缓过神，他就已火冒三丈，口吐狂言。这种非常低层次的禀性，在人类中却很普遍。"许多时候，迟钝是一种力量，这种力量可以避免许多冲突的发生。教师对待学生问题时，总是保持一种高度敏感性，用敏感的话语去刺激学生敏感的神经，学生也会"火冒三丈，口吐狂言"。应该说，学生的这种过激行为，是教师过于敏感而触发的。许多时候，学生也想做一个迟钝的人，不想与教师发生正面冲突。可是谁也接受不了敏感部位的刺激，"低层次的禀性"就会不经意间暴发。迟钝是保护师生的重要力量，切莫让它在教育中沉默而失去力量。

做一个"迟钝"的老师，用"迟钝"营造老师的幸福。学生在背后叫老师的名字，迟钝的老师往往一笑而过，敏感的老师却大发雷霆，那教育的幸福何在？对学生来说，叫一下老师的名字并非恶作剧，相反是亲密的试探。当这种试探成为受到打压的理由时，师生之间的距离会越来越远。如果学生给教师一个否定的评价，教师应该反省，而不是迁怒。这种反省应保持对自身的敏感性和对学生的一种迟钝性。这种迟钝会给教师带来无穷的财富。教师总在教育学生"良药苦口"的道理。教师受到了学生否定性评价，是对"良药苦口"的最好诠释。不能只要求学生吃药，教师也应该吃药。不能只要求学生保持吃良药的良好态度，教师也要体现自身吃良药的良好态度。

做一个"迟钝"的老师，就是拥有厚积薄发、宁静致远的生活态度。迟钝的包含低调的人生立场。教师应该保持低调。教师并不比学生高明，仅仅提前比学生掌握了若干知识。这是"闻道有先后"，而不是实质性的差异。有时，教师表现得越是无知，越能够拉近与学生的距离。"迟钝"是一种珍稀的宽容，能够对不利事物一笑而过，做到宁静而致远。这正是学生最喜欢的老师。做一个迟钝的老师，从某种意义上讲，就是要受得起学生的一些小伤害，用宽容来升华自己的品质，达到厚积薄发、宁静致远。

迟钝就是一种力量，它昭示着一个聪慧教师的人生宣言：迟钝是幸福，迟钝是宽容，迟钝是明智！

# 做一个真实的老师

一个学生说，她描述不出好老师是什么样的，因为老师之间的差异实在太大了，各有千秋。但是，她可以向我描述不好的老师都是什么样的，因为不好的老师都是一个样。

"老师说的话在学生面前漂浮，就像卡通书中气泡框里的话一样。"可能许多教师自以为在学生面前的说教，是非常有理有据。可在学生眼里，却如"卡通书中气泡"。学生的沉默并不意味着接受老师的教育，学生的低头也并不见得是向老师认错。教师的说教有时是一种自我表现。虽然自我表现是人类天性的重要因素，但是在教育领域中，教师的自我表现究竟想要得到些什么呢？自我表现其目的，就是为了表露自己的强势，掩饰自己的不足。这其实就是不想展露真实的自我，害怕真实的自我。学生接受不了这样的教师，甚至不屑接受。

法国著名钢琴家贝楚齐亚尼的故事，能够让教师认识到一个道理：有缺点的真实，远胜于完美的虚无。贝楚齐亚尼是侏儒，身高才100厘米，只能靠一个特殊的辅助器，来控制钢琴的踏板。他第一次演出时，站在最接近观众的台前，站了足有三分钟。最后他笑问："都看够了吧？"满场都会意地笑了，他才回位，演奏。观众大惊，而后掌声雷动。有人问他为什么要先站三分钟，他说："许多人是好奇我的身材才来的，他们看够了，才能细听我的演奏，才能看见我灵魂的高度！"有人问："你的灵魂还不够高吗？"他说："身材属于父母，是有限定的；灵魂属于自己，永无限定！"他临终前的最后一句话是：

"如果我真的高大，那是矮小成全的!"教师也应该相信，有时自己认为的缺点，正是学生亲近的理由。"圣人"面前，每个人都会有战战兢兢的感觉。而学生跟一个有缺点的老师打交道，犹如跟自己的朋友在交流。

老师生活在学生中，并不一定生活在学生心里。师生之间常常因为物理上的近距离、心理上的远距离而形影相离。当形是影的实体，影是形留给光亮的礼物时，"形"与"影"才能真正融合在一起。当今师生之间的交往，总是尽量不以真实的面目出现在彼此面前。教师如孔雀开屏一般，用自己最美的羽毛去掩饰不足之处。学生则有意藏匿这个年龄应该有的淘气和顽劣，假装成熟。师生之间各戴着假面具走进校园，能发生怎样的教育呢? 戴着面具的教育，责任在谁? 是谁教会了学生也戴上面具? 原因很多，其中之一就是追求完美惹的祸。社会要求教师完美，教师要求学生完美，结果只得了相互欺骗。亚伯拉罕·马斯诺说："既然没有完美的人，我们就不能用完美来作为选择的标准。"教育领域中，对完美的追求已经是一种病，而且病得不轻。这种病还在蔓延，因为它是慢性的，在发作之前总是以健康为表象，具有很大的欺骗性。任何人，都不能生活在完美的虚幻之中。不管是谁，心中要有美，但不能强迫自己或别人成为完美的人。无论是要求自己完美，还是要求学生完美，都是在折磨人，甚至害了人。真实才是生活，师生之间也是如此。教师要切记，"十全十美"是我们肯定别人时的礼貌用语，不可当真。

把教师身上的缺点统统去掉，教师就完美了吗? 不可能，只能说明这不是教师本人了。克里希那穆提说过："理想或者完美乌托邦的蓝图，都永远无法产生内心的彻底改变，而内心的彻底改变却是必要的。"这种改变的力量来自哪里呢? 来自对真实的客观认识，而不是"拟态"一般保护起自己的弱点。"拟态"可能具有暂时的欺骗性，一旦被捕食者识破，付出的却是生命的代价。教师总是尽量将暴露自己的危险降到最低，却忘记了这样使自我被封闭。教师不应该生活在"拟态"中。正如假珊瑚蛇永远也学不会真珊瑚蛇的本领，一味模仿只是偶尔的侥幸。卡内基《人性的弱点》中说："你只能唱你自己的歌，只能画你自己的画，只能做一个由你的经验、你的环境和你的家庭所造成的你；不论好坏，你都得自己创造一个属于自己的小花园；不论好坏，你得在生命的交响乐中，演奏属于你自己的乐曲。"教育非常需要师生合作，"演奏属于你自己的乐曲"。快乐太少，幸福太远，是当今教育最为遗憾之处。带着沉重的面具，所有的生活就是枯坐在本应最纯真的校园里，没有多少乐趣可言，而且心灵太疲惫。更何况，那些面具不是用来保护一张张稚嫩的脸的，而是如嫩叶享受不到光照，失去了最为可贵的生命之绿。

学生最不喜欢的老师，就是生活在非真实世界里的老师，让学生觉得遥不可及。老师明明充满着爱心，却不能流露，一副冷漠的样子，吓走的是学生最为可贵的亲近感。《学记》说："凡学之道，严师为难。师严然后道尊，道尊然后民知敬学。"古人对"师"强调"严"。对现在的学生而言，"严"并不是万能的。教育需要能与学生的心灵产生碰撞、交流的老师。只有真实的老师，学生才能够与之发自内心的对话。真实的前提是什么？就是放下完美的架子，走出完美的假想世界，让学生看到一个真实的老师。这个真实的老师，并不会降低学生心目中的形象，只会更加的可亲和爱戴。

新学期开学之初，我都要向学生作一个简短的介绍，不介绍我的那些优点，而是告诉学生我的缺点。如我在学生时代，做错过的那些事情，目的就是为了告诫学生，人生的路，只能自己去驾驶；如我有点"懒",找个"懒是文明的标志"的理由。学生会发现,我并不是真正的懒,只是为了减轻他们和自己的压力。教育何苦必须让师生之间相互折磨呢?我收到过一张让我非常感动的贺卡,上面写着这样一句话:"让您懒,是我们每一位学生的责任!""懒"与"责任",体现的是师生之间的理解和相惜,折射出师生之间平等的氛围。如果学生能承担责任,我愿意做一个会"懒"的老师,因为适度的"懒"才是真实的!

"做一个真实的老师",并不是一定要把教师的缺点完全暴露给学生,而是让学生知道老师不是完人,是常人,是可接近的人。对于当今教育而言,"师道尊严"或许只是教师的一厢情愿,"尊"与"严"并不是共生的,是可以分离的;"尊"不能寄生在"严"上,"严"也不是"尊"的催化剂。"尊"往往是学生认同教师人格后产生的情感。这个认同来自教师的学识水平和行事风格。"严师出高徒",也许有点苍白无力。对学生来说,快乐学习才最为重要的。"幸福"需要现在时。做一个真实的教师,就是把真实的世界归还给学生。真实的世界是快乐的世界。只有埋头苦学的生活,没完没了的唠叨,是沉闷乏味的。

许多教师不愿做一个真实的自己,一个非常重要的原因就是模仿,希望能集大家之所长,集于一身,使自己更为理想化。别忘记爱默生在《论自信》中说的话:"每一个人在他的教育过程当中一定会在某个时期发现,羡慕就是无知,模仿就是自杀。不论好坏,他都必须保持自己的本色。虽然广袤的宇宙之间全是美好的东西,但除非他耕耘那一块属于自己的土地,否则他绝不会有好收成。他所有的能力是自然界的一种新能力,除他之外没有人知道他能做些什么,他能知道些什么,而这些都必须靠他自己去尝试求取。"教师别把自己放进透镜里,那扭曲的身材不是自己的。你永远有你自己的品位,你永远有你自己的思想。羡慕可以，但过度的模仿会失去本真。"模仿"不是出于好奇，就是出于自卑。我们在寻找自我认同和完整时，虽然没有多少自豪和光彩，但它是真实的。真实地认识自己，真实地展露自己，才会被学生接纳。一朵花不在于大小，而在于观察者需要什么。

"让教师回归人性本真，即真实、自由、个性地做人，做真实、自由、个性之人"，这不是口号，而是行为与实践。真实地做人、做真实之人，是教给学生真实。自由地做人、做自由之人，是还给学生自由。个性地做人、做个性之人，是张扬学生的个性。教师要坚信："只要充分展现内在真实的自我，生命才会更趋融合、有力，且富有弹性。"老师，请还给自己一个真实的面庞。经过"整容"的一面，让许多学生感到了不真实的存在，而使你成了远离的背影，且缺少记忆的痕迹。

# 做一个尊敬自己的教师

教师专业成长离不开一定的外力因素，但关键是内驱力。内驱力是什么？有人认为是反思，有人认为是撰写教学案例，有人认为是阅读，有人认为是责任……仁者见仁，智者见智，不同的教师往往会有不同的见解。反思是一种辨析，教学案例是一种提炼，阅读是一种丰盈，责任是一种境界，它们犹如着生在沃土上的百花，一齐绽放，争奇斗艳。人们在欣赏美景的时候，往往遗忘了百花赖以斗艳而一直无语的土壤。是土壤的默默支持，才有百花争艳的风姿。不同的教师在不同的内驱力作用下，在专业成长上取得了斐然成就，其实有一种"土壤"在源源不断地滋养教师成长，那就是尊敬教师自己。尊敬自己是教师专业成长的基石和内驱力。尊敬自己犹如船有了帆，不仅有了方向保证，而且提供了前进的动力。

尼采说："尊敬一事无成的自己，就能有改变现实的力量。"每一个人的成长都是从一无所成开始的，可是许多人一开始就没有尊敬过自己。可能，他的一生中遇到许多令他尊敬的人，甚至尊敬得不亦乐乎。但有一个最重要的人，却从来没有得到尊敬，那就是他自己。许多教师专业成长过程中，一开始就扔掉了尊敬自己的习惯和勇气。他们可能一直在思索如何尊敬别人来拔高自己，如何去掉"自以为是"。而事实上，适度的"自以为是"，何尝不是一种尊敬自己的体现呢？尊敬自己是一种力量。这种力量使自己相信有能力改变现状，而不是人云亦云，随波逐流。尊敬自己如给专业成长插上一对翅膀。有翅膀，才有不断飞翔的力量，才能冲入云霄。

　　说许多教师是自卑的，或许没有多少人会赞同这个观点。可是不得不承认，许多教师在克隆思想，而不是在张扬个性，或不敢张扬个性。"克隆思想"本身就是一种自卑的表现，"张扬个性"才是一种创造。对"名师""名家"的过度尊敬，就可见一斑。这其实是盲从。教育一直在刮风，每一阵风刮过，就会有许多跟随者。他们缺少思考，甚至迅速把自己的思想掩饰起来，生怕跟不上时代的步伐。大多数人一直没有发现"人言可畏"的另一种危险，实质上就是湮没自己的思想，尼采因此告诫我们："决不可妄自菲薄。那样无异于将自己的行为与思想五花大绑。"许多教师在专业成长道路上，往往是把自己五花大绑，且越绑越多。最后，有些教师觉得自己很稳重，那其实是沉重。四平八稳的思想，只是一种克隆品，它的意识中缺少改变的力量。

　　培养"自我尊敬"的教师思想，是教育生态中所能得到的最有价值的成果。可是许多人对此不屑一顾，甚至认为尊敬自己是自恋。罗素说："自我尊重开始于：一些人过着自尊的生活，而其他人则被周围的人看作是一面镜子。后者永远不会有真正的勇气：他们必须有赞美，内心里害怕失去赞美。曾被认为很需要的'谦卑'教学，是创造一种罪恶般堕落的手段。'谦卑'压抑自我尊重，而不期望其他人对自己尊重。它只是使人降低人格的尊严，去博取他人的信任。"可是教师有这种勇气吗？许多教师没有过"自尊"生活的勇气，倒是一直告诫自己要"谦卑"，不能尊敬自己。

　　只有尊敬自己，才会真正尊敬别人。尊敬应该是一种放射，而不是一种内敛。只有尊敬自己，才会让自己的心灵打开一扇窗，时时让外面的光芒照射过来。只会尊敬别人，无疑会让光芒折射出去。"尊敬别人"是一种人际的需要，"尊敬自己"是一种成长的需要。万物生长离不开外因，但是成长的质量由内因决定。可是，教师在专业成长过程中却常常把内因扔掉了，片面地通过"尊敬别人"这一外因来达到学习的目的。殊不知，学习的真正力量来自自己的内心需要。只有尊敬自己的人，才会不断地给自己树立方向和目标，因为这是自己的内心需要。仅仅"尊敬别人"，完全可以编造理由来搪塞未能实现的方向和目标。一个人最不能逃脱的，就是自己强烈的内心需要和对自己的许诺。

一味尊敬别人，就是希望能有一天如自己尊敬别人一样，自己能得到别人的尊敬。它本质上是一种回馈的需要，也是一种对未来的投资。投资"尊敬别人"，就是把未来的成长可能性交付给别人。而一旦不能获得同等或大于的尊敬，失落感会消磨掉仅有的一点冲动，职业倦怠由此而产生。职业倦怠总在侵袭教师的职业操守，与奢望回馈不无关联。职业精神的维持寄望于外力时，倦怠的出现只是时间问题。许多教育家一直能执着无悔地耕耘，因为他们没有把教育视为一种投资，而是一种生活，不管自己有多少成绩，也不奢望他人的尊敬会把自己推向高高在上。尼尔说："假如你采取居高临下的态度，你会得到他们的尊敬，但那是一种错误的尊敬——一种掺杂着恐惧的尊敬。"许多时候，外来的尊敬是可怕的，它会摧毁一个人的良知，而使自己沉迷虚假的尊敬之中。只有尊敬自己，才是健康的心态，它会把外来迷惑人的尊敬，即盲目地崇拜、回馈的投资都扫除出去，使自己一直处于清醒的状态。最稳定和最健康的尊敬，建立在自我尊敬之上，而不是建立在外在的名声、威望以及毫无根据的奉承之上。

修炼自己的教育心态，实现"闭着嘴说话"，是自我尊敬的开始。自我尊敬需要不断地反思自己的教育行为和思想。最为可贵的自我尊敬，就是教师把自己视为有思想的人，"教师不尊重'思想'，学生也就不尊重教师。更加危险的是，学生也像教师一样地不愿意思考。"

自我尊敬是信任自己的前提和保障，一个人不尊敬自己，实际上就是不相信自己的思想，他的反思也只是以他人的观点作为镜子来剔除自己的差异处。

将尊敬赠予自己，是教师表现自己力量的一种形式。自我尊敬是一种教育智慧，更是一种成长的内涵。尊敬自己的力量几乎永远只会带来好处，而不会带来害处。尊重别人的人是高贵，尊敬自己的人最可贵。

# 做一个精神丰盈的幸福教师

《论语》中，孔子关于"道德境界"与"物质生活"的关系多有论述，在《学而第一》说："君子食无求饱，居无求安。敏于事而慎于言，就有道而正焉。"在孔子看来，只有"食无求饱，居无求安"，才能"敏于事而慎于言"；只有"敏于事而慎于言"，才能"有道而正焉"。这里，孔子承认"食"与"居"的合理性，却认为吃东西不能饱足，居处不要安逸；一旦饱足与安逸，人沉迷其中，做事就不可能勤勉，就不能接近有德之人，不能匡正自己的言行了。

能够成为一名教师，那是我们曾经付出了艰辛的劳动，掌握了一个教师应该具有的文化知识与教育教学技能。但是，若满足了，"付出的劳动与具有的文化知识与教育教学技能"就变成一个名词，一直停留在止步不前的历史位置上；若以此为资本，贪图物质享受了，"付出的劳动与具有的文化知识与教育教学技能"，就只能成为我们灵魂的枷锁，成为压垮我们脊梁骨的巨石。

教育，是灵魂的重塑，是精神的再建。没有一个老师，可以对学生的教育一蹴而就，立竿见影。教育注定是一种长期的耐心的工作，是一项细致的潜移默化的事业。因此，强烈的责任心和无私的大爱，是教师有效教育学生、合理引导学生的灵魂所在，是教师获得精神幸福的最基本前提。以心中的大爱，以和蔼的态度，以细腻的方法，春风化雨，不断与学生交流，不断与学生沟通，才能从心灵上接近学生，成为学生的朋友；潜心观察，静心研究，才能把握学生的思想动态，才能保证教育的效果。这样的大爱与责任，势必决定了教师要将时间与精力放在学生放在教育上，而不是放在物质享受上。心情冷漠，方法粗暴的教师，只会让学生反感、厌恶，让学生拒绝。

唯有精神丰盈了，责任崇高了，对学生有大爱了，我们才能远离生活方式不健康的人，远离不健康的生活方式，提防自己被腐朽的生活方式和价值观念同化，理想之船才不会搁浅在舒适的沙发上，飞翔的翅膀才不会被香醇的美酒折断，才不至于让自己的灵魂迷失在物质贪婪和自私庸俗之中，我们才能以自己丰富的学识，去教育学生；才能如孟子赞美的那种"富贵不能淫，贫贱不能移，威武不能屈"品格，去长时间影响学生。这个时候，我们可以问心无愧地说：我是一个幸福的教师。

# 后 记

金钧系多年好友。我们先后考入浙江师范大学，我学数学，他学生物，老乡加志同道合，很快成为好友，一起度过三个春秋。在那些青春飞扬的日子里，我们在西操场里踢过球，在东校门外醉过酒，也一起在考前到邵逸夫图书馆抱过佛脚。那时多的是激扬文字，畅谈人生。三年光阴里，虽谈不上惺惺相惜，也是心有默契，彼此相知。

毕业后，机缘巧合，分到了同一所高中：牌头中学。我教数学，他教生物，但见识相通，时时回忆往事，谈论时局，偶尔酒后发发牢骚，更谈理想。后来因工作调动，我先后去了学勉中学和教育局，他则调到了草塔中学。分开后偶尔相逢，小聚一餐，或通过电话，叙叙往事。金钧有自己的专业发展目标，经过努力，考上了母校浙江师范大学的教育硕士，成为我们那批教师中为数不多的高学历者。无论课堂教学，还是班主任工作，又或是撰写论文，金钧都是一把好手。

又是机缘巧合，分开十多年后，我调任草塔中学，我们又成为同事。我们经常畅谈，而"教育"与"教学"是主题。多年以后，共同的话题更多，而共同的话题中有着更多共同的见解。如教育的本质是改变，不管是学生还是教师产生某种改变才是教育的真谛；做一个尊敬自己的老师才能获得学生和同事的尊重；教育的主阵地是课堂，上好课不仅是知识传授，更是育人的主要途径等。尤其是金钧，教育理论和教学实践总会引发他的深入思考，笔耕不辍。一次闲聊，说到出书，我们再次有了共识："把这些年写的文章整理整理，出个集子，也算是对我们前二十年教育工作的一个总结，作为纪念。"说干就干，于是就分头准备，找出各自的文章，商量了大致的框架。

"事非经过不知难。"出书，比想象中要困难得多。好在得到了同事虞亦君老师的大力支持，把两个理科生写的文章细细改了一遍，避免了一些语法上的错误，也使行文更为通畅。感谢出版社的编辑们不厌其烦，多次致电沟通细节，终能顺利成书。感谢我的大学老师杨光伟教授，在百忙之中抽出宝贵时间，阅读了全部书稿，不嫌我们浅陋，欣然作序。

能把课堂教学、班级管理和学校管理的一些有限理解和作为教师的简单感悟缀合成书并出版，我们感到非常幸福。重新翻阅这些记录我们成长的粗浅文字，确认我们一直对教育的坚守，我们感到无比欣慰。衷心希望能得到更多教育界有识之士的批评和指正，让我们共同成长。

金铁强

2021 年 7 月 8 日